イタリアの修道院菓子

キリスト教とともに発展したイタリア菓子。
中世から続くその物語と作り方

佐藤礼子

Ricette e storia
dei dolci conventuali d'Italia

はじめに

修道院菓子との出合いは偶然だった。2005年、私はシチリア島西部の山の上の街、エリチェのパスティッチェリア「マリア・グラマティコ」で菓子の修業を始めた。この店の美しいフルッタ・マルトラーナと小さな愛らしい菓子たちが目当てだ。店主のマリアは修道院出身で、私が学びたかった菓子はエリチェの聖カルロ修道院に伝わるものと知ったのは、修業を始めてからのことだ。修道院とそこで生まれた菓子の世界に惹かれ、シチリア中の修道院を廻った。以降イタリアを旅する時には、その地の修道院を訪れ、街で修道院菓子を探すのが習慣となった。

イタリアには、日常にキリスト教行事があふれている。クリスマスや復活祭はもちろん、各地方の小さな祭り、さまざまな聖人の日など、年間を通して祝い菓子が食卓に並ぶ機会が多いが、その多くが修道院発祥である。私の住むシチリアは特に多く、名物のカンノーリやカッサータ・シチリアーナも修道院生まれのものだ。修道院菓子は長い年月の中で、それぞれの時代背景から影響を受け、少しずつ材料、形、名前をも変えながら、時には違う菓子へと進化し、修道院からパスティッチェリアへと受け継がれ、現在も私たちを魅了し続けている。考えてみれば、菓子にとどまらずワイン、ビール、ハーブなど、中世に修道院で大きな発展を遂げたものが現在の日常生活にあふれ、当時の修道院の役割がいかに大きかったかを実感させられる。

執筆にあたっての資料集めには、本当に骨が折れた。修道院に伝わる手書きの文書は、戦争や災害で失われたり、閉鎖された修道院で放置され老朽化したものも多い。あちこちの図書館や、教会関連の資料を保管している文書庫に通い、時には修道院に直接問合せすることもあった。シチリア以外の地方の修道院菓子を調べるために旅にも出たが、旅の間は決まって雨で、道中はトラブルだらけ。まるで神から試練を与えられているかのよう。しかしいざ修道院や教会という空間に身を置くと、清らかな空気に触れてその苦労がふっと報われる感覚になったのは、聖なる力のおかげだろうか。

本書は長年そうして収集した資料をもとに執筆、そしてレシピは実際に作れるよう試作を重ねた。しかし、なにせ何百年、いや何千年も前の出来事ゆえ、はっきりしないことも多い。ぜひとも想像力を存分に働かせ、中世のイタリアをイメージしながら修道院と菓子の世界をご堪能いただけたら嬉しい。そしていつか、イタリアの修道院菓子を巡る旅へ……！

2023年初夏　佐藤礼子

STICCIOTTO
€ 2,00

イタリアの修道院菓子　〈目次〉

Capitolo 2

修道院発祥のさまざまな菓子

Capitolo 3

修道院のふだんのおやつ

Capitolo 4

菓子作りのために知っておきたいこと

ARTICOLI

イタリアの修道院と菓子

修道院の誕生と成り立ち

キリスト教、正確にはローマ・カトリック教会において、修道院と教会は同じく信仰の場であるが、教会が一般信徒の集う場であるのに対し、修道院は世俗から離れて修行に打ち込む修道士が共同生活を送る場所であった。聖書の書写や古典研究の場でもあり、薬草による医療、農業や耕具、食など、中世ヨーロッパにおいてさまざまな分野での研究と技術の向上が修道院を中心に行われ、文化形成にあたって重要な役割を果たしてきた。

西暦1年を起源とするキリスト教は、当時のローマ帝国では容認されていたが、その後数百年の間に幾度にわたり迫害されることになる。そんな中、3世紀末頃、アントニウスがエジプトの荒野で一人孤独に厳しい修行をしたことが、修道士の始まりといわれている。

4世紀、ローマ帝国のディオクレティアヌス帝の時代が終わり、キリスト教迫害が終焉を迎えると、キリスト教徒の活動が活発化。エジプトでは修道士が共同体を作り、食事や生活を共にしながら修行する生活が始まった。さらには392年にテオドシウス帝によりキリスト教の国教化が行われると、キリスト教の教えを厳守した生活を求める人々が急増し、修道士の共同体は砂漠のみならず都市にも生まれるようになる。

463年には、当時の東ローマ帝国の首都コンスタンティノープル（現在のイスタンブール）にストゥディオス修道院が建設され、やがてキリスト教は東ヨーロッパに伝播、5世紀にはアイルランドに修道院文化が根付き、西ヨーロッパ全土にまで広がっていく。6世紀になると現在のローマから150km南に下ったモンテ・カッシーノの山中にベネディクトゥスによって修道院が建設され、ベネディクト会（p14）が発足する。ベネディクトゥスが定めた戒律である「清貧、純潔、服従」を理想とする禁欲生活、そして「祈り、働け」というモットーは、現在も修道院の戒律の手本となっているものだ。修道院は世俗から離れ、厳しい戒律の下で禁欲的な生活を送る修行の場であった。

自給自足と文化発展の場として

ベネディクトゥスは、自らを自らの手で養うという自給自足の生活を理想とした。そのため修道院内では多くの種類の野菜、果物、薬草が育てられ、羊や鶏などの家畜も飼われていた。故に農業、家畜とその加工から耕具まで、多岐にわたる技術の研究が不可欠になる。また植物を自家栽培したことで、それらの薬としての効能についての知識を深めることにつながり、修道院では薬草を調合して病人を治療するという現在の病院や薬局の役割を果たすこととなった。

この頃に修道士によって飛躍的に醸造技術が発達し、生み出されたホップを使ったビールは、清潔な水を確保することが難しかった中世では薄めて水分補給に、体調不良の際にはそのまま栄養補給として飲まれていた。また、修道院で執り行われるクリスマスや復活祭のようなキリスト教の祝いごとの典礼には、神へ捧げるものとしての祝い菓子、キリストの体とされるパン、血とされるワインが必要だったため、製菓、製パン、ワイン醸造などの技術も磨かれていく。

修道院ではラテン語やギリシャ語で聖書を書き写すことで、それらの文字や古典文学の研究も行っていたため、文字、宗教、文化を普及させるという、いわば教育的な活動も行われていた。当時の先端技術の研究は全て修道院で行われ、現在の研究センターのような働きも担っていた。

9世紀に入ると、教会と貴族の権力がだんだん強くなり、それにつれて宗教的な典礼も回数を増していく。そうして全ての典礼を執り仕切っていた修道院は、強大な権力の保護の下で潤沢な資金を手に入れる。貴族の間で行われる晩餐会では豪華な食事の準備も修道院が担っていたため、新しい調理、製菓技術も発達した。

ちなみにこの頃にはシチリアにアラブ人が入植し、砂糖、スパイス、かんきつ類といった新しい食材や、かんがい農法などの技術が既に入っていて、その後のシチリアの修道院の発展に大きな影響を与えることとなる（後に詳述）。

修道会の台頭

富を手にした修道院では豪華な料理や菓子に囲まれ、祈りを忘れ怠惰な生活を送るという、当初ベネディクトゥスが提唱した教えとは全く違う方向に向かっていった。

そんな中、10世紀になるとフランスのクリュニー修道院で宗教改革が起こる。教会や修道院の堕落に対して本来の信仰主体の生活の復活を目指したのだが、それでも生活は次第に贅沢さを取り戻していき、それに反発する新しい運動も再び始まる。その中心となったのが、1098年にクリュニーと同じくブルゴーニュで始まったベネディクト派のシトー会である。彼らは人里離れた地で祈りと労働を中心とした共同生活を送り、建築も装飾を最小限に留めた地味な様式とした。

一方でこの頃、キリスト教の聖地エルサレムをイスラム勢力から奪回するために十字軍が王の命により派遣され、その戦士たちが所属するヨハネ騎士修道会（p14）が誕生。彼らは「戦う修道士」と呼ばれた。この十字軍遠征により、スパイスや砂糖などの食材がヨーロッパ全土の修道院に伝わっていく。

そんな堕落した修道院から離れて信仰の途をたどっていったのが、フランチェスコ会（p15）やドミニコ会（p15）などの托鉢《たくはつ》修道会である。托鉢修道会は創立当初は衣服以外の私財を持つこと、修道会自体も財産を保有することを一切禁じられたが、後に戒律は緩和され、フランチェスコ会はフィレンツェにサンタ・クローチェ修道院を、ドミニコ会はサンタ・マリア・ノヴェッラ修道院を設立。サンタ・マリア・ノヴェッラ修道院の薬局は修道院が作った世界最古の薬局として、今では世界中から多くの人が訪れている。

こうして9～12世紀に時の権力と結びつき繁栄と衰退を繰り返した修道院の数は、信者からの寄付を資金源に活動する托鉢修道会の誕生により、その後少しずつ減少していく。

16世紀の大航海時代に入ると、イエズス会（p15）による世界への宣教活動が始まり、修道院の活動は再び活発となる。日本には1549年にイエズス会からフランシスコ・ザビエルらが宣教師として訪れ、後にカステラや金平糖が伝わったように、修道院菓子は海外へと広がっていく。

その後1861年のイタリア統一によって新たに形成された新政府は、聖職者への優遇制度を廃止するために全国の修道院を解散させる。それにより修道院は再び衰退。さらに第二次世界大戦後に人々の生活が豊かになると、規律の厳しい修道院での生活は敬遠され、かつてのような山中の大修道院ではなく街中の小さな修道院が増えるなど、時代によりその姿も変化していく。

現在、全世界で67万人以上（96th World Mission Sunday — October 23, 2022 CATHO-

ANNO DOMINI

LIC CHURCH STATISTICS）の修道士と修道女が普及活動や慈善活動を行い、6世紀から続くベネディクトゥスが説いた教えを守り、祈りに励んでいる。

さまざまな修道会

修道院菓子の成り立ちを理解するために、ここでは修道会の仕組みについても知っておきたい。

修道会とはキリスト教の宗派の一つであるローマ・カトリック教会の認可団体で、彼らは男女に分かれて別の修道院で共同生活を送っている。そして、時代の流れとともにさまざまな修道会が発足。それぞれに異なる規律があるが、聖書という一つの教義の下で活動し、最古の修道会であるベネディクト会の規律を基本としているため、対立することはない。

また、各修道会は活動形態も異なり、修道院の中だけで祈りと労働を中心とした生活を送るクラウズーラ（禁域）と呼ばれる「観想修道会」と、外に出て慈善や宣教活動をする「活動修道会」に大きく分けられる。活動修道会は修道院で共同生活を送りながら、それぞれの修道会の目的に沿って福祉分野、病院、学校などで活動したり、貧しい人々への奉仕や、出版などのメディアを使った宣教活動をしたりと、広く社会活動を行っている。

主な修道会

◎ベネディクト会

529年、ベネディクトゥスがイタリアのモンテ・カッシーノの山中に設立した世界最古の修道会。「清貧、純潔、服従」を戒律とした「労働と祈り」の精神は、修道院の戒律の基礎となり現在も受け継がれる。

◎ヨハネ騎士修道会

11世紀、十字軍時代にエルサレムへのキリスト教巡礼者の保護と支援を目的として創立されたベネディクト派の修道会。

◎カルメル会

12世紀、パレスチナのカルメル山中で修道士となった十字軍戦士が設立。13世紀にヨーロッパを中心に普及活動を始め、16世紀にはカルメル女子修道会が発足。現在は男子カルメル会、女子カルメル会、第三会と呼ばれる在俗者*会がある。

*修道院で共同生活を送らず、外部で生活をしつつも信仰を追求する信者。一般信者とは区別される。

◎フランチェスコ会

1209年にアッシジのフランチェスコにより創立。居住する家屋や食物を持たず、人々の施しにより生活する托鉢修道会として生まれたが、フランチェスコの死後、会の発展とともに戒律は少しずつ緩み、説教を行う拠点として修道院と教会の所有は認められるようになる。

◎聖クララ会

フランチェスコ会の女子修道会。1212年にフランチェスコの精神に感銘を受けたアッシジのキアラ（「クララ」のイタリア語読み）が創立。観想修道会として世俗から離れて暮らす。

◎ドミニコ会

1216年にスペイン人のドミニコによって南フランスで創立された托鉢修道会。本書のレシピに登場するローズウォーターは、ドミニコ会の修道院発祥。

◎厳律シトー会

13世紀にベネディクト派のシトー修道会から派生した、戒律を忠実に守る観想修道会。フランス、ノルマンディー地方にあるトラップ修道院を起源とすることから「トラピスト会」とも呼ばれる。トラピストバターは中世の厳律シトー会から続く伝統製法で作られ、現在も世界中で愛されている。

◎イエズス会

1534年に設立され、世界各地への宣教活動に積極的に取り組む。日本へもフランシスコ・ザビエルらが宣教師として訪れ、それをきっかけに日本にカステラや金平糖が伝わる。

修道院の菓子作り

キリスト教には、1年を通してさまざまな宗教行事があり、神へ捧げるものとして生まれた祝い菓子はキリスト教と強く結びついて発展してきた。例えば1年で最も重要とされるキリストの誕生を祝うクリスマス（イタリア語ではNatale＝ナターレ）の祝い菓子は、イタリア全土に数えきれないほどある。現在でも時期が近づくとパスティッチェリア（菓子屋）や家庭では菓子作りの準備が行われるが、その多くが修道院発祥の菓子である。

そもそも全ての菓子は、古代ギリシャでギリシャ神へ捧げるために生まれたものが起源とされ、その後ローマ帝国に受け継がれ修道院で発展を遂げていく。先に述べたようにベネディクト派の修道院では自給自足の生活を理想としたため、修道院では、菓子の原料となる小麦、乳製品、卵などが作られ、さらに回廊に囲まれた中庭では季節の果物も栽培され、菓子作りの材料を全てまかなうことができた。

また修道院は、薬草を調合して病人を治療するという薬局としての役割も果たしていたが、11世紀に東方から入ってきたコショウやシナモンのようなスパイスや砂糖は、当時は薬とみなされ修道院に納められていた。それにより、パンペパート（p69）やチェルトジーノ（p79）のようにスパイスをふんだんに使った菓子が修道院から多く生まれる。他にも、ドミニコ会が蒸留技術を用いて作ったローズウォーターはトルタ・バスタルダ（p111）に使われ、さらに新大陸発見後の16世紀にカカオが入ってくると、当時は媚薬ともいわれたこの不思議な実に修道女たちは熱狂した。

このように、自給自足によって菓子作りの材料を調達し、いつの時代にもいち早く新しい食材を入手できた修道院で、菓子作りは進化していったのである。

また9〜13世紀にかけて権力を強大なものとした貴族は、その子女の多くが修道院で過ごしていたため、両者の関係は密接となった。貴族が大切な客人を迎えるための晩餐会の食事は、最先端の調理や製菓技術を持っていた修道院が担当し、客人を喜ばせるための菓子が求められた。それに応えるために修道女たちは腕を競って菓子の研究に励み、ソスピーリ（p137）のように晩餐会のための菓子も生まれた。

そうした贅を尽くした祝い菓子や晩餐会用の特別な菓子が作られる一方で、普段の暮らしの中で生まれた菓子もあった。

修道院では古くからキリストの聖体とされるオスティア（パンのようなもの）が作られているが、その際に起きたアクシデントによって生まれたのが、オスティエ・リピエーネ（p117）や、余ったパンを再利用して作られたトラピスト会のパンのケーキ（p105）といった、素朴な菓子たちだ。

また、中庭で採れた果実を使い、オレンジやレモンのマルメッラータ（マーマレード）、アンズやさくらんぼのコンフェットゥーラ（ジャム）といった保存食も1年を通して作られており、それらはクロスタータ（p153）のように菓子の材料としても使われていた。

かつて砂糖は高価なものとして扱われていたが、現在では修道院の朝食のテーブルには甘い菓子が並べられ、修道女たちのささやかな楽しみとなっている。禁欲的な生活自体は現在も変わらないが、甘いものを食べることが禁止されている

わけではない。シンプルな焼き菓子や庭の果物を使ったデザートは日曜や祝日に作られ、皆で分かち合って食べる。この分かち合いこそが、キリスト教の精神の原点でもあるのだ。

パスティッチェリアの登場

修道院は18世紀になると、運営費の捻出のために、修道院内で菓子を販売するようになり、パスティッチェリアのような役割を担うように。一般市民はそれまで見たことのなかった菓子に熱狂し賑わいをみせたが、1861年のイタリア統一後に多くの修道院が閉鎖され、それも徐々に下火となっていく。そうして修道院から出ることを余儀なくされた修道女により、秘密とされていたレシピは少しずつ外部に流出していくことになる。

また同じ頃、産業革命によって砂糖の大量生産が可能になり、安価な食材として急速に広まったことでパスティッチェリアが登場。菓子作りの舞台は衰退していく修道院から、成長産業であったパスティッチェリアへと移っていく。その後のパスティッチェリアの発展ぶりは現在に至り、菓子を作り販売する修道院は、イタリア国内ではわずかとなってしまった。しかし、キリスト教の総本山バチカン市国を抱えるイタリアでは、中世に生まれた修道院菓子がパスティッチェリアや家庭で今もなお伝統菓子として受け継がれ、愛され続けている。

シチリアと修道院菓子

本書の菓子のラインナップを見ると、シチリアの菓子が多いことに気が付くだろう。なぜ、シチリアで修道院菓子が発展したのか。

まずはシチリアが1年を通して温暖な気候で、海あり山ありの気候条件によってさまざまな農作物が育ち、菓子作りに必要な食材が豊かであったこと。中でも菓子作りに欠かせない小麦とハチミツは古代からシチリアの主要農産物であり、北ヨーロッパの寒冷地で小麦が育たない中、シチリアは「ローマ帝国の穀物倉庫」といわれるほどたくさんの小麦を収穫することができた。

また、紀元前に菓子が誕生したとされる古代ギリシャ、その後には菓子が発展したローマ帝国の支配下にあったことから、シチリアでは修道院が発生する以前の早い時期から菓子作りが行われており、基礎知識があったことも理由の一つだ。

さらにシチリアは、常に地中海文化の中心地であったことも関係する。

地中海の真ん中に位置するシチリアは、船による地中海貿易の重要な経由地点であった。そのため、東方からスパイスなどの珍しい食材を他のヨーロッパ諸国に先駆けて入手できたのだが、その多くは当時技術や文化の発展の中心的役割を担っていた修道院に納められたのである。

貿易拠点を確保したいという多くの民族が入れ替わりシチリアを支配してきたが、シチリアの菓子作りにおける大きな転機となったのは、9世紀のアラブ人支配であった。

砂糖、アーモンドやピスタチオなどの木の実、かんきつ類、米といった新たな食材、そしてかんがい農法や料理、菓子作りの新技術が外国からもたらされ、修道院ではこれらを用いてさまざまな試みが行われた。特にサトウキビから作られる砂糖は、それまでの甘味料であったハチミツとは異なり液状ではなかったため、以前とは違ったアプローチで菓子を作れるようになる。

現在のシチリア菓子の基本でもあるマジパン生地は、アラブ人がもたらしたアーモンドと砂糖によって修道院で生まれたもの。さらに16世紀のスペイン人支配下では、カカオが他国に先駆けて入り、菓子文化はさらに進化していく。

12世紀、シチリアではノルマン王朝が繁栄を極めた時代。王や貴族の間で毎夜行われる晩餐会のために、修道院が菓子研究に励むことになるのは、先に述べた通りである。9世紀のアラブ人支配を発端にした、新しい食材と技術を使った修道院での菓子作りは、他のヨーロッパ諸国に先駆けて発展を遂げる。その後も、1861年のイタリア統一まで、シチリアは常にヨーロッパ社会において技術先進国であったことも、シチリアで菓子文化が発展した理由といえるだろう。

このように常に菓子の歴史の最先端を走ってきたシチリアの修道院菓子は、現在イタリアでは一般的なイタリア菓子とは区別され、「シチリア菓子」というカテゴリーで認識されている。そして現在もパスティッチェリアのショーケースを賑わせ、街の人に留まらず世界中から訪れる観光客を楽しませている。

本書の使い方

◎修道院名／エリア：菓子が誕生した修道院を明記。現存あるいは形を変えて一般公開している場合は、p188「現在訪問可能な修道院」にURL等を掲載。エリアは、この修道院がある（あった）現在の地名を表す。

◎カテゴリー：タルト・ケーキ、ビスコッティ、焼き菓子、揚げ菓子、生菓子、アーモンド菓子、スプーン菓子（水菓子のことをイタリア語でDolce al cucchiaioという）、パン・発酵菓子、チョコレート菓子で区分。特徴が最も表れているものを広義で捉えて記載した。

◎シチュエーション：現在菓子が食べられている主なシーンを、家庭菓子、パスティッチェリア（菓子屋）、パニフィーチョ（パン屋）、バール・レストランで区分。

◎構成：菓子を定義するにあたり使用される主な材料を記載。なお、リピエーノはイタリア語で詰め物のこと。

◎レシピについて：
大さじ1 = 15mℓ、小さじ1 = 5mℓである。バターは無塩バターを使用。オーブンの温度や焼成時間は目安であり、状態を見ながら加減すること。

アーモンドは、ローストすることが重要な場合はレシピに記載した。「アーモンドパウダー」はローストしていない皮なしアーモンドを粉状にしたもの。

◎その他、材料などの詳細はp176～を参照。

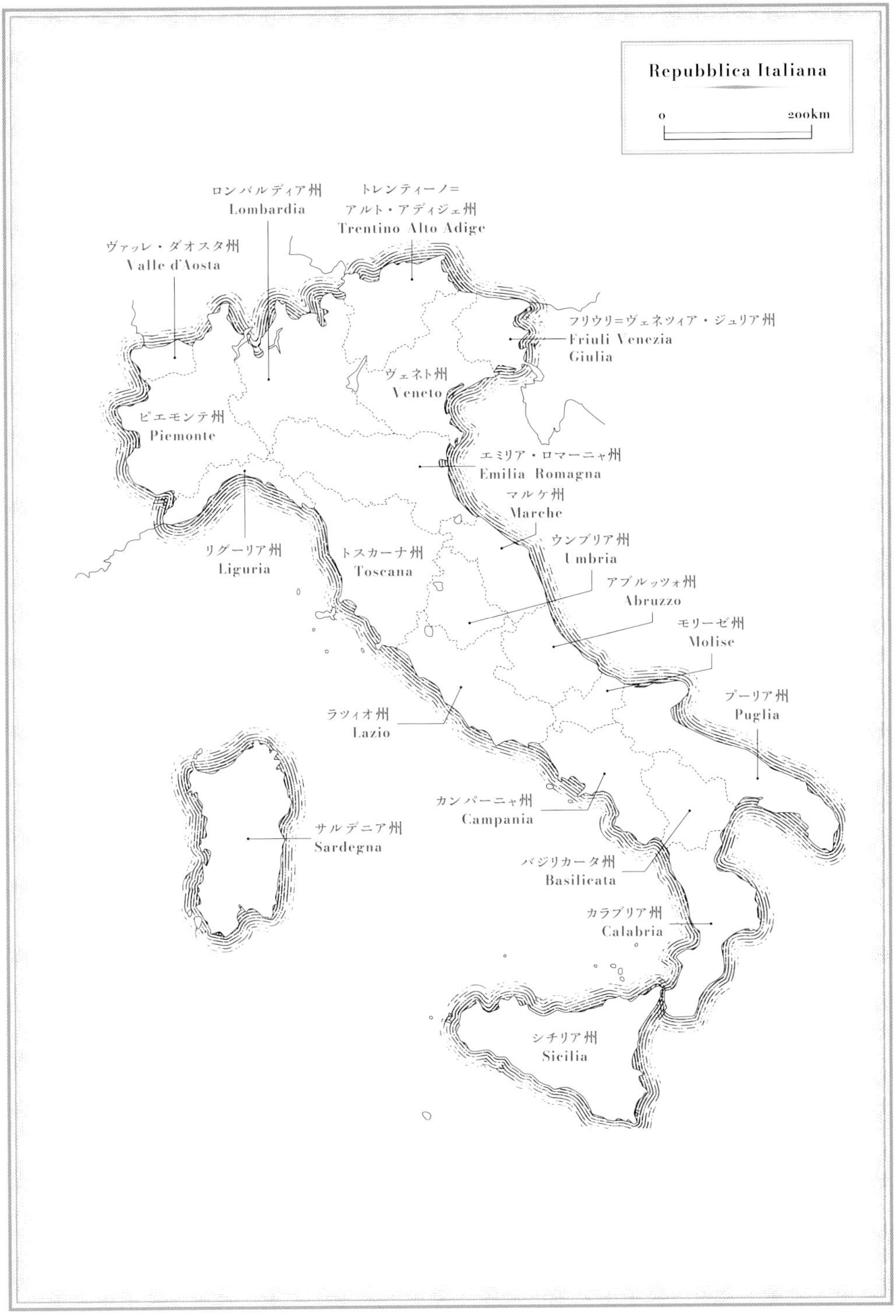
Repubblica Italiana
0
200km
ロンバルディア州
Lombardia
トレンティーノ＝
アルト・アディジェ州
Trentino Alto Adige
ヴァッレ・ダオスタ州
Valle d'Aosta
フリウリ＝ヴェネツィア・ジュリア州
Friuli Venezia
Giulia
ヴェネト州
Veneto
ピエモンテ州
Piemonte
エミリア・ロマーニャ州
Emilia Romagna
マルケ州
Marche
ウンブリア州
Umbria
リグーリア州
Liguria
トスカーナ州
Toscana
アブルッツォ州
Abruzzo
モリーゼ州
Molise
プーリア州
Puglia
ラツィオ州
Lazio
カンパーニャ州
Campania
サルデニア州
Sardegna
バジリカータ州
Basilicata
カラブリア州
Calabria
シチリア州
Sicilia

Capitolo 1

修道院発祥の祝い菓子

古代ギリシャ時代に神への捧げ物として生まれた菓子は、
中世になるとキリスト教の祝い行事と深く関わりながら
修道院で大きく発展する。外国から入った新しい食材と、
修道院で研究が進んだ先端技術を駆使して
生み出された祝い菓子は、
それぞれの時代背景を映し出す鏡でもある。

イタリアの主な祝いごとカレンダー

★＝休日

日付	祝いごと	内容	本書に登場する菓子
1／6	公現祭（エピファニア） Epifania ★	キリストの誕生を、東方から3人の博士が祝いに訪れた日。12月25日に誕生したキリストだが、宗教上では1月6日に誕生が公になったといわれている。宗教とは関係ないが、この日はベファーナと呼ばれる魔法使いが子どもたちにプレゼントを運ぶ日。良い子にはチョコレートやキャンディを、悪い子には炭を運んでくるといわれている。	──
1／17	聖アントニオの日 Sant'Antonio	動物の守護神とされる聖アントニオの召天日。紀元3世紀のエジプトで生まれ、砂漠での苦行で、常に周囲に動物を連れて歩いていたことから動物の守護神となる。聖アントニオの像や絵画には必ず動物が足元に寄り添う。中部を中心に、動物たちを司祭が祝福する祭りがイタリア各地で行われる。	聖アントニオのチャンベッレ（p27）
2／5	聖アガタの日 Sant'Agata	聖アガタは3世紀半ばにシチリア島のカターニャで殉教。切り落とされた乳房の形からパニフィーチョや鐘職人、そして乳がんの守護聖人でもある。カターニャでは2月3日～5日の3日間、巨大なろうそくを灯した盛大な祭りが行われる。	聖アガタの小さなオリーブ（p29）／聖アガタの乳房（p31）
2～3月	カーニバル Carnevale	イタリア語のCarnevale（カルネヴァーレ）はラテン語の「Carne vale＝肉に別れる」が語源。謝肉祭とも訳される。四旬節に入る前に肉食との別れを惜しみ、肉を食べ、お祭り騒ぎをする6日間。イタリア各地で盛大な祭りが行われる（ヴェネツィア、ヴィアレッジョ、アチ・レアーレなどが有名）。休日ではないが、教育機関は休校に。	テスタ・ディ・トゥルコ（p33）／カンノーリ（p35）／ビスコッティ・ディ・ノヴァラ（p37）
3～4月	四旬節《しじゅんせつ》 Quaresima	復活祭前の46日前から始まる四旬節は、肉や菓子などの動物性油脂を控える節食期間。キリストの受難に思いを馳せ、祈りを捧げて清貧な生活を送りながら心身ともに清め、キリストの苦しみを分かち合う期間。本書で紹介する「クワレジマーリ」は、動物性油脂を使わないビスコッティとしてイタリア各地にある。	パステ・ディ・チョッコラータ（p39）／クワレジマーリ（p41）／ピパテッリ（p43）
3／19	聖ジュゼッペの日 San Giuseppe	聖ジュゼッペはキリストの養父で、この日は父の日でもある。特に信仰心があつく聖ジュゼッペが重要な存在とされるイタリア南部で祝われることが多い。揚げ物の守護聖人でもあり、この日には揚げ菓子が作られる。貧しい民にパンを分け与えていたという言い伝えから、シチリアでは各地で飾りパンの祭りが行われる。	米のクリスペッレ（p45）／聖ジュゼッペのゼッポレ（p47）
3月下旬～ 4月	復活祭 Pasqua ★	春分の日（3月21日）以降の満月の後の、最初の日曜に行われるキリストの復活を祝う祭り。イタリア人にとってはクリスマスと並び、最も重要な宗教行事の一つ。発酵菓子のコロンバ、巨大な卵型のチョコレート菓子ウォーヴォ・ディ・パスクアといった定番の他、各地に郷土菓子がある。	パスティエーラ（p49）／復活祭のカッサテッレ（p51）／カッサータ・シチリアーナ（p53）／パスタ・ディ・マルドルレ（p84）
5月下旬～ 6月	聖体祭 Corpus Domini	キリストの聖体を崇め、祝福する日。13世紀半ばにキリストの聖体を表すオスティアから血が流れたという奇跡に由来する。司祭が、教皇に奇跡を報告に行く道に、街の人々がキリストの聖体に敬意を払い花びらをまいたという言い伝えから、現在も教会までの道のりに花を敷き詰めて祝う祭りinfiorata（インフィオラータ）がイタリア各地で行われる。	──

日付	祝いごと	内容	本書に登場する菓子
11／1	全聖人の日 Tutti i Santi ★	イタリアには日替わりでその日の聖人であるonomastico（オノマスティコ）が定められ、1日に2〜3人の聖人が制定されているが、中には制定されていない聖人もいる。11月1日は、そうした聖人も含め、全ての聖人を祝う日。「Ognissanti（オンニサンティ）の日」とも呼ばれる。	—
11／2	死者の日 Commemorazione dei defunti	死者の魂が現世に帰ってくるとされる日。日本のお盆にあたり、墓参りに行く習慣がある。骨の形をしたビスコッティをはじめ、イタリア各地でさまざまな小菓子が作られる。	フルッタ・マルトラーナ(p55)／ンズッディ(p56)／使徒の指(p57)
11／11	聖マルティーノの日 San Martino	司教として各地を宣教して巡り、病人を癒やし、殉教者ではない聖人として初めて認められた聖マルティーノ。イタリアでは夏から秋にかけて仕込んだワインができあがる日といわれ、大地の恵に感謝する日でもあることからワインの守護聖人となる。南部ではビスコッティやパン、中部では栗や豚、北部ではガチョウ肉がノヴェッロ（新酒）とともに食される。	聖マルティーノのビスコッティ(p59)
12／8	聖母の無原罪の御宿り Immacolata Concezione ★	神の恵みの特別なはからいにより、聖母マリアが生まれながらの罪（原罪）を追わずに母アンナの腹に宿ったとされる日。クリスマス期間の初日であり、この日が来ると家庭ではクリスマス菓子を作り始める。プレゼピオ（キリストの誕生のシーンを模したクリスマスの飾り）やクリスマスツリーもこの日から飾る。	—
12／8 〜1／6	クリスマス期間 Natale ★ 25、26日	キリストの誕生を祝う、イタリア人にとって非常に重要な日。12月25日の昼食は、家族や親戚が集まり食卓を囲み、食後にパネットーネなどクリスマス菓子を切り分けて食べる。翌26日は、キリスト教最初の殉教者である聖ステファノの日で、この日も休日になる。12月8日から、1月6日の公現祭までがクリスマス期間とされ、クリスマス菓子は期間を通して家庭やパスティッチェリアで作られる。	修道士の小舟(p61)／ディヴィーノ・アモーレ(p64)／ロッココ(p64)／ラッフィオーリ(p64)／サピエンツァ(p64)／ストゥルッフォリ(p67)／パンペパート(p69)／修道院の大蛇(p71)／イチジクのクッドゥレッディ(p73)／ヌカートリ(p75)／ピスタチオのクスクス(p77)／チェルトジーノ(p79)／クオーレ(p81)／パンパパート(p83)／パスタ・ディ・マンドルレ(p84)
12／13	聖ルチアの日 Santa Lucia	聖ルチアはシチリア島シラクーサで304年に殉教。眼をくりぬかれるという拷問を受けたことから眼の守護聖人とされ、イタリア各地でビスコッティやパンなど眼を象った丸い形の菓子が作られる。シチリア島では聖ルチアが麦を大量に運び飢饉のパレルモを救ったという伝説から、丸麦を使った菓子が作られる。	聖ルチアのチャルデ(p85)

Ciambelle di Sant'Antonio

聖アントニオのチャンベッレ

◎材料（約50個分）
薄力粉……200g
グラニュー糖……100g
アニスシード……小さじ1
オリーブオイル……大さじ4
卵……1個
白ワイン……35mℓ
ベーキングパウダー……6g

◎作り方
1 全ての材料をボウルに入れて手でひとまとまりにし、常温で約30分休ませる。
2 生地8gを長さ9cmのひも状にし、端と端をつなげてリング状にする。残りも同様にする。
3 オーブンシートを敷いた天板に並べ、150℃に温めたオーブンで15〜18分焼く。

“動物の守護神”聖アントニオのビスコッティ

ウンブリア州の東部にある小さな街ノルチャでは、毎年1月17日に聖アントニオの祭りが行われる（「聖人の日」についてはp86）。聖アントニオは、砂漠で動物たちと隠居生活をしていたことから「動物の守護神」として崇められる聖人だ。祭りの日の朝になると教会では動物を祝福する儀式が行われ、多くの人がペットの犬や猫から家畜の羊、豚、牛、馬までさまざまな動物を連れて参列する。

その時に修道院で作られるのが、動物の足を象《かたど》った小さなドーナツ形のビスコッティ「聖アントニオのチャンベッレ」である。ひも状にのばした生地の両端をつないで作る形は、聖人との強い絆を表しているとか。生地は地元の名産でもあるオリーブオイルと白ワインでまとめたもの。またアニスシードは世界で最も歴史の古いスパイスの一つといわれる、かつては修道院でしか栽培が許されなかった貴重なハーブであった。祭り当日になると、小さな袋に詰めたビスコッティが山積みになって販売される様子を見ることができる。

ウンブリア州と隣接するマルケ州やラツィオ州でもこの祭りが行われるが、ラツィオ州の菓子は蹄《ひづめ》のような形をしていて、発酵生地で同じ形のパンを作ることもあるとか。

ノルチャはベネディクト修道会創設者の聖ベネディクトゥスが生まれた街として知られ、その街のはずれに1406年に造られた聖アントニオ修道院では現在も9人の修道女が生活している。2016年に起きた震災により建物は一部崩落して彼女らは移住を余儀なくされたが、2019年には修道院敷地内に仮設の建物を造ることで生活を以前の状態に近づけることができた。しかし、修道院本体の復旧の目処はいまだに立っていないという。修道女たちは、本来の修道院での生活に戻る日が早く来ることを祈り続ける毎日を送っている。

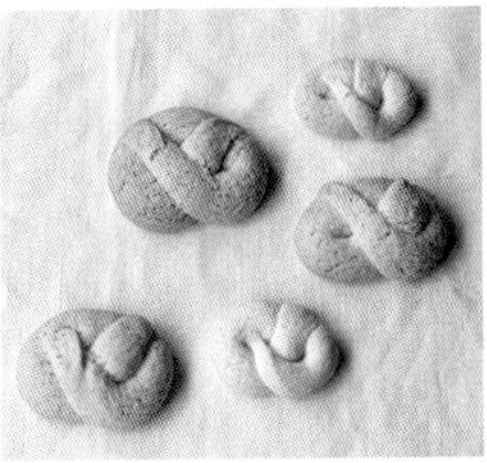

ラツィオ州で作られる、聖アントニオのビスコッティ。

1／17　聖アントニオの日

修道院名：聖アントニオ修道院
エリア：ウンブリア州／ペルージャ　カテゴリー：ビスコッティ　シチュエーション：家庭菓子
構成：薄力粉＋グラニュー糖＋オリーブオイル＋卵＋アニスシード

Olivette di Sant'Agata

聖アガタの小さなオリーブ

◎材料（15個分）

基本のマジパン生地B（p175）…… 150g
リキュール（ラム、ストレーガ、
ロゾリオのいずれか）…… 10mℓ
食用色粉（緑）…… 少量
グラニュー糖 …… 適量

◎作り方

1 マジパン生地にリキュールを加え、よくこねる。
2 色粉を少量の水で溶かし、1に加え混ぜる。
3 15等分にしてオリーブの形に手で成形し、グラニュー糖をまぶす。

オリーブの奇跡を起こした聖アガタ

シチリア州カターニャのパスティッチェリアで必ず見かける、小さくて丸い緑の菓子の山。オリーブの形を模したマジパン菓子、それは彼女の壮絶な人生の中で起きた奇跡から生まれた。

“シチリアのアガタ”と呼ばれることもあるカターニャの守護聖女、聖アガタは、3世紀にシチリアの貴族の家に生まれた。賢く美しかった彼女は、当時シチリアを支配していたローマ帝国の総督に見初められ求婚される。しかし既に熱心なクリスチャンであったアガタはその申し出を断ったところ、さまざまな迫害を受けることに。裁判を受けるために総督の前に出た彼女が、かがんで靴ひもを結ぶと、その場所に野生のオリーブの木が生え、やがて小さな実がなるように。そのオリーブの実を市民が収穫し、「奇跡の実」として病人に与えたのだとか。

彼女の形見の品々が東ローマ帝国の首都であったコンスタンティノープルに保存されてから1300周年にあたる1926年、聖アガタが収容された刑務所の広場に記念のオリーブの木が植樹された。そして彼女が殉教した2月5日の聖アガタの日が近づくと、修道女たちは小さなオリーブの実の形の菓子を作り、聖アガタに捧げるようになったのである。

さて、この菓子はカターニャの修道院の発祥かと思いきや、調べてみるとどうも違うらしい。聖アガタはカターニャの守護聖女だが、パレルモでも彼女への信仰心があつい修道院が多い。修道院の中でも菓子が多く生まれた聖カテリーナ修道院で、1700年代後半にこの菓子のオリジナルレシピが作られたのだとか。マジパンはパレルモの修道院で初めて作られたと伝えられているので（p53、55）、この説は信憑性が高い。菓子の歴史は伝聞がほとんどで複数の説があり、もはやどれが本当かを知ることが難しいことも多いが、さまざまな手がかりから歴史を紐解き、当時に思いを馳せる作業はワクワクするものだ。

かつて門外不出だったこの菓子のレシピも、後世になると菓子職人がこぞって再現し、現在ではカターニャの菓子を語る上では外せないものとなった。小さな一粒の菓子の裏に、こんな壮大な歴史が潜んでいるのである。

カターニャにあるアガタの像。アガタのシンボルは「純粋」と「死」を意味するユリ。鐘職人、パン屋、乳がん患者の守護神。

2／5　聖アガタの日

修道院名：聖カテリーナ修道院（p188）
エリア：シチリア州／パレルモ　カテゴリー：アーモンド菓子　シチュエーション：パスティッチェリア
構成：マジパン生地

Minne di Sant'Agata

聖アガタの乳房

◎材料（直径7cmのドーム型／8個分）

生地

- 薄力粉 …… 330g
- ストゥルット …… 165g
- グラニュー糖 …… 90g
- 卵 …… 1個
- マルサラ酒 …… 30mℓ
- シナモンパウダー …… 適量

リコッタクリーム

- リコッタ …… 280g
- グラニュー糖 …… 90g
- フルーツの砂糖煮（粗みじん切り）…… 40g
- ビターチョコレート（粗みじん切り）…… 15g

グラッサ

- 粉糖 …… 250g
- 卵白 …… 1個分
- レモン果汁 …… 数滴

ドレンチェリー（赤、飾り用）…… 4個

◎作り方

1 生地を作る。ボウルに薄力粉とストゥルットを入れ、指先で砂状になるまですり混ぜる。

2 手で中央にくぼみを作り、残りの生地の材料を加える。手で中央から少しずつ混ぜ、ひとまとまりにする。ラップをして冷蔵庫で約1時間休ませる。

3 リコッタクリームを作る。リコッタとグラニュー糖をボウルに入れてヘラでよく混ぜ、フルーツの砂糖煮とチョコレートを加えてさらに混ぜる。

4 打ち粉をした台に2を出してめん棒で5mm厚さにのばし、直径10cmの丸型でぬいて8枚作る。バターを塗って薄力粉をはたいた（各分量外）ドーム型に、生地を添わせるようにして敷き、3を詰める。

5 4でのばした残りの生地を直径6cmの丸型でぬき、8枚作る。詰めたクリームの上にのせ、縁を指でしっかり押さえてとじる。

6 180℃に温めたオーブンで約20分焼き、型から出して冷ます。

7 グラッサを作る。ボウルに粉糖を入れ、卵白とレモン果汁を少しずつ加えながら、なめらかになるまで混ぜる。

8 6の全体を覆うように7をかけ、少し乾かして固まり始めたら、半分に切ったドレンチェリーを中央に飾る。

キリスト教の聖なるモチーフである「乳房」

聖アガタの肖像画といえば大抵、乳房が2つ並んだ皿を手に持っている。これは聖アガタが乳房を切り取られるという、なんとも残虐な拷問を表現したもの。その乳房を模したのが、直球のネーミングのこの菓子なのだ。

今はカターニャのシンボルだが、生まれは聖アガタの小さなオリーブ（p29）同様、パレルモの聖カテリーナ修道院。オリジナルはオーブン焼きだが、現在見かけるのはスポンジ生地でリコッタクリームを挟み、緑のマジパン生地とグラッサをかぶせた生タイプが多い。カッサータ・シチリアーナ（p53）のミニ版ということで「カッサティーナ」とも。

シチリア南西部の街サンブーカ・ディ・シチリアには、乳房の形をした生地にビアンコ・マンジャーレ（p166）が入った「ヴェルジネの乳房」という菓子がある。ヴェルジネとは聖母マリアのことで、キリストに授乳していたその乳房は特別な意味を持ち、他の街の修道院でも乳房を模した菓子が見られる。

カターニャでは2月5日の聖アガタの日に盛大な祭りが行われ、元はこの日の捧げ物として作られていた。全世界のキリスト教国の守護聖人の祭りの中で3番目に盛大とされ、その様子は、カターニャ人の聖アガタに対する思いが強く感じられるものである。

2／5　聖アガタの日

修道院名：聖カテリーナ修道院（p188）
エリア：シチリア州／パレルモ　カテゴリー：焼き菓子　シチュエーション：家庭菓子、パスティッチェリア
構成：マルサラ酒、薄力粉ベースの生地＋リコッタ＋フルーツの砂糖煮＋グラッサ

Testa di Turco

テスタ・ディ・トゥルコ

◎材料（14×18cmの角型／1台分）

生地
- 薄力粉 …… 50g
- 卵 …… 1/2個

クリーム（ビアンコ・マンジャーレ）
- 牛乳 …… 500mℓ
- グラニュー糖 …… 100g
- コーンスターチ …… 50g
- レモンの皮すりおろし …… 1/2個分

サラダ油（揚げ油用）…… 適量

シナモンパウダー、カラースプレー（飾り用）…… 各適量

◎作り方

1 生地を作る。ボウルに薄力粉と卵を入れ、ひとかたまりになるまでこねる。

2 めん棒で1mm厚さにのばし、型の大きさに合わせて包丁で切り、2枚作る。

3 180°Cに熱したサラダ油で、2を軽く色付くまで揚げる。

4 クリームを作る。鍋に全ての材料を入れ、泡立て器でダマがなくなるまでよく混ぜる。

5 4を弱火にかけ、常に混ぜながら炊く。固まり始めたら、3の生地を1枚敷いた型に半量を流し入れて平らにならし、もう1枚の生地をのせ、残りのクリームを流し入れて平らにならす。

6 ラップをして冷蔵庫で一晩休ませる。シナモンパウダーを全体にふり、カラースプレーで飾る。

修道女が熱狂したアラブ菓子

名前は直訳すると「トルコ人の頭」。といっても現在のトルコ人ではなく、シチリア統治時代のアラブ人を指す。シチリアには「テスタ・ディ・トゥルコ」の名が付く菓子が2つあり、一つはアラブ人が頭に巻くターバンに似ていることからその名が付いたという、頭の大きさほどの巨大シュークリーム。そしてもう一つが、ここで紹介するスプーンで食べるタイプのものだ。揚げ生地とビアンコ・マンジャーレ（p166）を重ねてシナモンをたっぷり……と一見シンプルだが、当時シナモンは修道院だけが使える貴重な食材であった。

とある本の記述には「修道女たちはこの菓子を作るのに熱狂した」とあり、最初はなぜそんなにも熱狂するのかが理解できなかった。しかし実際に作ってみるとわかる。生地を油に落とすと同時にプクーッと気泡ができて、それがなんとも楽しいのである。生地には水が入らず卵のみなので、気泡がたくさんできて膨らむのだ。鍋を覗きながら驚き、騒いでいる修道女の姿が目に浮かぶようだ。

パレルモの聖カテリーナ修道院で1700年頃から作られてきたというこの菓子は、現在はパレルモ県内マドニエ山脈にある中世の街、カステルブォーノの銘菓となり、修道院発祥であることはほとんど語られなくなったという。少し寂しい気はするが、どこかの街で知られることなく受け継がれていく修道院菓子。それもまた慎ましやかでいいのかもしれない。

もう一つのテスタ・ディ・トゥルコ。ノルマン人がアラブ人に勝利したことを祝し、ターバンを模したというシチリア南東部のラグーザ地方の伝統菓子。

2～3月　カーニバル

修道院名：聖カテリーナ修道院（p188）

エリア：シチリア州 / パレルモ　カテゴリー：スプーン菓子　シチュエーション：家庭菓子、パスティッチェリア

構成：薄力粉ベースの生地＋ビアンコ・マンジャーレ＋シナモン

Cannoli

カンノーリ

◎材料（長さ13cmのカンノーリ型／10個分）

生地
- 薄力粉 …… 250g
- ストゥルット …… 30g
- 卵 …… 1個
- 赤ワインビネガー …… 10mℓ
- マルサラ酒 …… 50mℓ
- 塩 …… ひとつまみ

リコッタクリーム
- リコッタ …… 700g
- グラニュー糖 …… 200g
- チョコレートチップ …… 30g

卵黄 …… 1個分
サラダ油（揚げ油用）…… 適量
オレンジの砂糖煮（飾り用）…… 適量

◎作り方

1 生地を作る。マルサラ酒以外の材料をボウルに入れ、手で混ぜる。マルサラ酒を少しずつ加えながら、ひとかたまりになるまで軽くこねる（生地は硬いがこねすぎない）。布をかけ、常温で10分休ませる。

2 めん棒で2mm厚さにのばして直径10cmの丸型でぬき、手で両端をひっぱり少しのばして楕円形に成形する。カンノーリ型に巻きつけ、とじ目に溶いた卵黄を塗り、指で押さえてしっかりとじる。

3 180°Cに熱したサラダ油に、2を型ごと入れて揚げる。冷めたら型から外す。

4 クリームを作る。リコッタを裏ごししてグラニュー糖とともにボウルに入れ、泡立て器でよく混ぜる。グラニュー糖が溶けたらチョコレートチップを加え、軽く混ぜる。

5 食べる直前に、絞り袋に入れた4を3の両端から詰め、オレンジの砂糖煮を飾る。

修道院かハーレムか、謎多き誕生の秘密

シチリア菓子の代表選手の一つ、カンノーリ。生地をカンナ（葦《あし》というイネ科の多年草のイタリア語）に巻きつけたことから命名されたというが、その発祥は謎に包まれ、逸話が多く残されている。

まず、古代ローマ時代の哲学者キケロの文献に、カンノーリに似た菓子が登場している。ただしクリームは甘くなくフルーツの砂糖煮も使われていないものだ。時代は流れて9世紀のアラブ人統治時代、リコッタに砂糖、フルーツの砂糖煮を混ぜた、魅惑の甘いクリームが伝わる。そしてこの誕生の舞台は、シチリアのほぼ中心にあるカルタニセッタという街である。

一説では、修道女が古いレシピを改良してカーニバル用に作ったというもの。もう一説は、アラブ人権力者のためにあったハーレムの女性たちが権力者から寵愛を受けるためにこぞって作ったが、アラブ人支配が終わり、改心して修道院で暮らし始めた際に伝わったという説。修道院とハーレムという真逆の場所で誕生したという説があるのが面白い。

カンノーリが今のようにシチリア中に広がったきっかけは、1600年代のパレルモのバディア・ヌォーヴァ修道院でのこと。カーニバルの時に、修道女が大きな入れ物にリコッタクリームをたっぷり入れ、そこに水道の蛇口（当時の蛇口は葦で作られていた）に見立てたカンノーリの生地をさして、流しのそばに置いたのだとか。こんなジョークからカンノーリはこの修道院のスペシャリティとなり、シチリア全土で話題になった。しかし全ては不確かな逸話で、はっきりしたことは謎なままだ。

2〜3月　カーニバル

修道院名：不明
エリア：シチリア州／カルタニセッタ　カテゴリー：揚げ菓子　シチュエーション：家庭菓子、パスティッチェリア、バール・レストラン　構成：薄力粉ベースの生地＋リコッタクリーム

Biscotti di Novara

ビスコッティ・ディ・ノヴァラ

◎材料（50個分）

薄力粉……200g

グラニュー糖……200g

全卵……3個

卵黄……1個分

塩……ひとつまみ

◎作り方

1 薄力粉以外の材料をボウルに入れ、泡立て器でもったりするまで攪拌する。

2 薄力粉を3回に分けて加え、泡をつぶさないようにヘラでさっくり混ぜる。

3 2を丸型の絞り口を付けた絞り袋に入れ、オーブンシートを敷いた天板に間隔をあけながら、7〜8cm長さに絞り出す。そのまま常温で約20分休ませる。

4 180℃に温めたオーブンで約8分、軽く焼き色が付くまで焼く。

国民的ビスコッティ「パヴェジーニ」の祖先

イタリア人なら誰でも知っているビスコッティ「パヴェジーニ」。スーパーに行けば必ず陳列されている国民的菓子、その祖先は16世紀にピエモンテ州ノヴァラの修道院で生まれたビスコッティ・ディ・ノヴァラだ。

材料は卵、砂糖、精製した白い小麦粉と当時としては貴重な材料をふんだんに使い、カーニバルのための栄養価の高い菓子として作られた贅沢なものだった。農民の祝い菓子といえば、とうもろこし粉や全粒粉で作った白くないパン生地に、木の実、ハチミツ、ドライフルーツなどを混ぜ込んで焼いた素朴なもの。当時白い小麦粉は教会や貴族に納められ、農民には高嶺の花だったのである。

18世紀後半、ナポレオン襲撃下で修道院は教会と並んで危険な場所となり閉鎖を余儀なくされた。ノヴァラの修道女たちはビスコッティを作る場所を失ったのだが、当時、他に唯一スパイスや砂糖を取り扱うことができた薬局が工房を提供。これを機に、門外不出だったレシピは世に出ることとなったのである。薬剤師の名から「プリーナのビスコッティ」と名付けられ、飛ぶように売れた。

19世紀中頃、てんさい糖の精製技術が外国から入り、砂糖が一般に使われるようになると、カンポレッリ社、グラッシーニ社などの菓子メーカーが新しい技術とともに市場に参入し、この菓子を作るようになる。続いて1937年、産業革命と同時期に登場したのがマリオ・パヴェージ氏で、現在のパヴェジーニを生み出した。周りがカリッと軽い口あたりのパヴェジーニを売り出したところ、イタリア全土で大ヒット。老若男女に愛される国民的ビスコッティとなった。

現在は、ノヴァラに本社を置くカンポレッリ社が、伝統的な製法のビスコッティ・ディ・ノヴァラを作り続けている。

イタリアのスーパーではおなじみ、黄色と青のパッケージが目印のパヴェジーニ。

2〜3月　カーニバル

修道院名：不明

エリア：ピエモンテ州／ノヴァラ　カテゴリー：ビスコッティ

シチュエーション：家庭菓子、パスティッチェリア、パニフィーチョ　構成：薄力粉＋砂糖＋卵

Paste di cioccolata

パステ・ディ・チョッコラータ

◎材料（約60個分）

A

- 薄力粉 …… 135g
- ココアパウダー …… 50g
- アーモンドパウダー …… 50g
- シナモンパウダー …… 小さじ1
- クローブパウダー …… 小さじ1/2

B

- グラニュー糖 …… 100g
- 水 …… 85mℓ

グラッサ

- 粉糖 …… 50g
- レモン果汁 …… 10mℓ

◎作り方

1. 鍋にBを入れて弱火にかけ、かき混ぜながらグラニュー糖を溶かす。
2. 台にAを置いて手で軽く混ぜ、真ん中にくぼみを作り1を注ぎ入れる。全体がまとまるようにこね、布をかけてそのまま15分休ませる。
3. めん棒で5mm厚さにのばし、1辺が約3cmのひし形に切る。
4. オーブンシートを敷いた天板に並べ、170℃に温めたオーブンで10～12分焼く。
5. 粉糖を小さなボウルに入れ、レモン果汁を少しずつ注ぎながら混ぜ、硬めのグラッサを作る。4が冷めたら全体に薄く塗って乾かす。

節食中にもかかわらず贅沢なビスコッティ

修道院菓子を調べている最中、マルケ州の修道院のレシピ集を見つけた。修道院のレシピ集は探してみると意外と少なく、ましてや一つの州となるとなおさらだ。早速注文してみると、手のひらサイズの本で、2010年に地元の研究者によって作られたようだ。

ページをめくると、ぎっしりと文字が書かれ写真はない。前半は修道院の歴史や、数人の研究者がそれぞれの視点から見た修道院の食事について、残りがレシピという構成だ。食事に関しては材料と作り方は記載されているが、分量の記載はほとんどない。一方、菓子は大まかな分量が書かれている。カップやスプーンを使った計量単位に加え、「リブラ」「オンチャ」*という単位も。比較的新しそうなレシピは「グラム」や「キロ」で表示され、かなり細かく計量されているようだ。

意外だったのが、甘いものは果物を使った保存食、菓子、チョコレートと3つに区分され、その合計が全レシピの1/4と一番の割合を占めていたこと。続いて多かったのは豪華な食事とされていた肉料理。いずれも修道院の清貧な暮らしとは逆行するものである。

さて、修道院菓子は、大別すると普段のおやつと宗教行事に関わるものとに分けられるが、パステ・ディ・チョッコラータは、復活祭前の四旬節、つまり節食期間に食べる菓子だったようだ。乳製品や油脂、脂肪分は一切使わず、植物性由来のものだけで作られる。当時、カカオは非常に貴重なスパイスとして扱われ、修道院や薬局のみで入手することができたが、レシピを見てみると、たくさんのカカオに加え、同じく貴重だったシナモンやクローブまで使われている。節食期間に食べるにしては随分と贅沢だ。ここまでして四旬節にも甘いものを食べようとは、神に人生を捧げた修道女も、甘いものへの欲というのはなかなか断ち切れなかったのであろう。

*古代ローマ時代より用いられる質量の単位。後にさまざまな国で「ポンド」や「オンス」として発展した。

復活祭の46日前～前日　四旬節

修道院名：ラテラン修道院

エリア：マルケ州 / マチェラータ　カテゴリー：ビスコッティ　シチュエーション：現在は作られていない

構成：薄力粉＋ココア＋アーモンドパウダー＋砂糖＋シナモン、クローブなどスパイス類

A

B

Quaresimali

クワレジマーリ

甘い誘惑に屈した修道女のビスコッティに込めた思い

キリストの復活を祝う復活祭前の46日間は、祈りを捧げ、奉仕をし、娯楽を自粛して節制、節食をしながら身を清める期間。この間は肉はもちろんのこと、卵や乳製品も控えることが定められている。ちなみにカーニバルはこの節食期間に入る前に、たくさん食べて、たくさん楽しんでおこう、という祭りだ。

イタリア語で四旬節は「クワレージマ」で、「クワレジマーリ」はこの期間に食べる菓子であることからその名が付いた。節食期間であるから、もちろん豪華な食事や菓子も禁止されているわけだが、なぜかイタリアには同じ名称のビスコッティがたくさん存在している。形や味は随分異なるが、共通しているのはバターやストゥルットなどの動物性油脂を使わず植物性由来の材料のみで作られていること。卵は使われていたとしても卵黄を使わず卵白のみを使うのは、せめて栄養分が多い部分は使わずにおこうという修道女の苦肉の策なのであろうか。

トスカーナのクワレジマーリは薄力粉をベースとしたココアパウダー入りのやわらかいビスコッティで、アルファベットの形をしているのが特徴だ。19世紀にフィレンツェの修道院で節食期間の小さな楽しみとして作られたという、修道院菓子の中では比較的新しいものだ。聖書の言葉をしっかり刻むようにと、アルファベット形にしたのだという。当時は修道院と貴族だけの特権であったが、今では多くの人から愛される復活祭前の時期のビスコッティとなった。

一方、北イタリアながら地中海に面した温暖な気候のジェノヴァのクワレジマーリは、土地で栽培されているアーモンドを使ったマジパンベースのもの。ひし形、ドーナツ形、花形と3種類あり、それぞれ仕上げ方が異なる。オレンジフラワーウォーターを使うのも、暖かい土地ならではだ。その起源は16世紀の聖トンマーゾ修道院だという。豪華な教会に隣接し、その一帯は城下町のような感じで繁栄していたという。しかしナポレオンの襲撃により大ダメージを受けたこの修道院は、19世紀になると街の再開発により新しい港が造られることとなり、完全に取り壊されることとなった。当時ジェノヴァで名を馳せていたパスティッチェリア・ロマネンゴは、クワレジマーリの伝統が途絶えてしまうことを危惧し、美しくデコレーションして販売するように。こうして現在でも、四旬節の菓子としてジェノヴァで愛され続けている。

修道女たちは、なぜここまで甘いものに執着するのか。禁止と言われると余計にその掟を破りたくなる心理からなのか、もしかしたら、復活祭という1年の中でも大きな祭りに向けたワクワク感の表れなのかもしれない、などと、昔の修道女の心理を妄想してみるが、その真相はもはや知り得ないのが残念だ。

復活祭の46日前～前日　四旬節

A〈トスカーナ〉　修道院名：不明　エリア：トスカーナ州／フィレンツェ近郊　カテゴリー：ビスコッティ
シチュエーション：パスティッチェリア、パニフィーチョ　構成：卵白＋薄力粉＋ココアパウダー＋砂糖

B〈リグーリア〉　修道院名：聖トンマーゾ修道院　エリア：リグーリア州／ジェノヴァ　カテゴリー：ビスコッティ
シチュエーション：家庭菓子、パスティッチェリア
構成：アーモンドパウダー＋砂糖＋薄力粉＋卵白＋オレンジフラワーウォーター

Quaresimali クワレジマーリ

A〈トスカーナ〉

◎**材料**（約20個分）

卵白 …… 2個分
薄力粉 …… 100g
ココアパウダー …… 20g
粉糖 …… 110g
オレンジの皮すりおろし …… 1/4個分

◎**作り方**

1 ボウルに卵白以外の全ての材料を入れ、ざっと混ぜる。

2 卵白を8分立てに泡立て、1に加える。ヘラで混ぜ、最後は手で一つにまとめる。

3 7mmの口金を付けた絞り袋に入れ、オーブンシートを敷いた天板にアルファベットの文字の形に絞り出す。

4 150℃に温めたオーブンで約12分焼く。

B〈リグーリア〉

◎**材料**（約20個分）

A
アーモンドパウダー …… 125g
グラニュー糖 …… 75g
薄力粉 …… 15g
オレンジフラワーウォーター …… 3滴
卵白 …… 1個分
オレンジマーマレード
（またはイチジクのジャム）…… 適量

飾り用
基本のグラッサ（p174）…… 200g
オレンジフラワーウォーター …… 数滴
食用色粉（赤）…… 少量
アラザン …… 適量

◎**作り方**

1 ボウルに卵白以外のAを入れ、卵白を少しずつ加えながら手で混ぜ、ひとまとまりになったらラップをして冷蔵庫で1時間休ませる。

2 軽く粉糖（分量外）をふった台に1を出す。花形はめん棒で1cm厚さにのばし、直径3cmの花型でくりぬく。ドーナツ形は生地の一部を取り、太さ1cm、長さ8cmのひも状にして両端をつなげて輪っかにする。ひし形はめん棒で5mm厚さにのばし、同じ大きさの長方形を2枚作る。1枚にマーマレードを薄く塗り、もう1枚を上からかぶせ、ひし形に切り揃える。

3 オーブンシートを敷いた天板に並べ、150℃に温めたオーブンで約12分焼く。

4 グラッサにオレンジフラワーウォーターをよく混ぜ合わせて半量を取り、色粉を加えて、ピンクに色付ける。

5 花形は、色を付けたグラッサを丸く塗り、中央をアラザンで飾る。ドーナツ形は残りの白いグラッサを表面に塗り、アラザンで全体を飾る。ひし形は、白いグラッサを表面に塗る。

ビターオレンジの花を蒸留したオレンジフラワーウォーターは、甘く爽やかな香り。現在は製菓用だが中世には薬として使われていた。

Pipatelli　ピパテッリ

◎材料（約20個分）

A
- アーモンドパウダー……100g
- 薄力粉……25g
- グラニュー糖……60g
- シナモンパウダー……小さじ1/4
- レモンの皮すりおろし……1/4個分
- 塩……ひとつまみ

卵白……1個分
グラニュー糖……60g
皮付きアーモンド……25g

◎作り方

1 ボウルにAを入れ、ヘラで混ぜる。

2 別のボウルに卵白を入れ、グラニュー糖を数回に分けて加えながら6分立てにする。

3 1に2を加えてヘラでさっくり混ぜ、アーモンドを加えてひとまとまりにする。

4 生地を2等分にし、それぞれを18×3cmの棒状に成形する。オーブンシートを敷いた天板にのせ、170°Cに温めたオーブンで約20分焼く。

5 取り出して5分置き、少し冷めたら約1cm幅に切る。切った面を上にして天板に並べ、150°Cに下げたオーブンで約10分焼く。

修道女の戦略から生まれたビスコッティ

菓子の売上は修道院の運営費として貴重な収入源だったのだが、菓子が禁止となる節食期間は売上ががっくり落ちてしまう。そこで考え出されたのが、動物性由来の食材を使わないこのビスコッティであった。低温で2日間かけて焼くため、薪オーブンの煙がまるでパイプ（イタリア語で「ピペ」）からモクモク出る煙のようだったことからこの名前が付いた。クワレジマーリという名前でも良かった気がするが、あえて違う名前を付けたのも戦略の一つだったのかもしれない。節食期間中、このビスコッティは狙いが当たり大人気となった。意外にも商売上手な修道女に脱帽だ。

復活祭の46日前～前日　四旬節

修道院名：不明
エリア：シチリア州 / パレルモ　カテゴリー：ビスコッティ　シチュエーション：家庭菓子、パスティッチェリア
構成：アーモンドパウダー＋薄力粉＋砂糖＋卵白＋アーモンド

Crispelle di riso

米のクリスペッレ

◎材料（約24個分）

米（カルナローリなどイタリア米）…… 125g

A
- 牛乳 …… 450mℓ
- 塩 …… ひとつまみ
- グラニュー糖 …… 35g
- オレンジの皮すりおろし …… 1/2個分

薄力粉 …… 75g

ビール酵母 …… 3g

バニラパウダー …… 少量

サラダ油（揚げ油用）…… 適量

ハチミツ …… 180g

シナモンパウダー …… 適量

◎作り方

1 鍋にAを入れて弱火にかけ、沸騰したら米を加える。時折かき混ぜながら約15分、水気がなくなりアルデンテになるまで炊く。

2 人肌程度に冷ましてボウルにあける。薄力粉とぬるま湯大さじ1（分量外）で溶かしたビール酵母、バニラパウダーを入れ、ヘラでよく混ぜる。ラップをして温かい場所で約1時間発酵させる。

3 たっぷり打ち粉をした台に2を出し、2等分にしてそれぞれ 12×7cmの長方形に成形する。幅1cmをスパチュラですくうように取り、170°Cに熱したサラダ油でこんがりと揚げ、油をきる。

4 フライパンにハチミツとシナモンパウダーを入れて弱火にかけ、ハチミツが溶けてきたら3を加えて全体に絡める。

カターニャのベネディクト会の揚げ菓子

シチリア州南東部にあるモディカの菓子屋で修業していた頃、2〜3月の日曜にのみ作られていた特別な揚げ菓子、それが米のクリスペッレだった。揚げたての生地にたっぷりのハチミツ。米のプチプチとした歯応えがある生地と、とろ〜りとろけるハチミツが口の中で混ざり合い、それはそれはおいしいこと。私にとって思い出の菓子の一つである。この魅惑の菓子が修道院生まれだったとは、その時には想像もしなかった。

米のクリスペッレは別名ベネデッティーネとも呼ばれる。なぜなら、カターニャのベネディクト会の修道院で16世紀に生まれたからだ。

この菓子が生まれたとされる聖ニコロ修道院は、ヨーロッパで2番目に大きいベネディクト会の修道院で、ヨーロッパ全土から来客があった。遠方から訪れてくる客のために、修道女たちは何かシチリアらしいおいしい菓子を作ることはできないかと考え、そうして生まれたのがカターニャの名産物であるオレンジとハチミツを使ったこの揚げ菓子だった。長旅で疲れている来客たちに、ハチミツがたっぷりと絡められた甘い菓子は大好評を博し、現在もなお、カターニャの伝統菓子として受け継がれている。

この修道院は当時、主に貴族の子弟たちが入っていたため、建物はとても豪華で世界遺産にも登録されているほどだ。現在は大学の校舎として使われているので学生たちで賑わっているが、ガイドツアーによる訪問も可能だ。

3／19 聖ジュゼッペの日

修道院名：聖ニコロ修道院（p188）

エリア：シチリア州 / カターニャ　カテゴリー：揚げ菓子　シチュエーション：家庭菓子、パスティッチェリア

構成：米＋牛乳＋砂糖＋薄力粉＋ビール酵母＋ハチミツ

Zeppole di San Giuseppe

聖ジュゼッペのゼッポレ

◎材料（12個分）

シュー生地
- 薄力粉 …… 85g
- グラニュー糖 …… 5g
- ストゥルット …… 20g
- 水 …… 250mℓ
- 塩 …… ひとつまみ
- バニラパウダー …… 少量
- レモンの皮すりおろし …… 1/4個分
- 溶き卵 …… 2個分

基本のカスタードクリーム（p174）…… 350g
オリーブオイル（揚げ油用）…… 適量
アマレーナのシロップ漬け（飾り用）…… 12個

◎作り方

1 シュー生地を作る。鍋に溶き卵と薄力粉以外の材料を入れて中火にかけ、ストゥルットが溶けたら薄力粉を加え、ヘラでよく混ぜる。鍋底に薄い膜ができ始めたら火からおろす。

2 ボウルに移し、溶き卵を半量ずつ加え、その都度泡立て器で混ぜ合わせてなじませる。

3 ギザギザの口金を付けた絞り袋に入れ、180℃に熱したオリーブオイルに直径約7cmの円形に絞り出す。途中で上下を返して両面をこんがりと揚げ、油をきって冷ます。

4 カスタードクリームを絞り袋に入れて3に絞り出し、アマレーナを飾る。

ローマ帝国生まれ、修道院育ちの揚げシュー菓子

ナポリのパスティッチェリアのショーケースを賑わす聖ジュゼッペのゼッポレは、1700年代、ナポリの聖グレゴリオ・アルメーノ修道院が発祥。しかし、その原型は今から2000年以上前のローマ帝国の揚げ菓子だという。当時、3月17日に行われていた「ワインの神バッカスと小麦の神シレノスの祭り」の際、ワインのお供にと、丸い揚げ菓子が作られた。その後キリスト教が広まり、ギリシャ神をまつるこの祭りは行われなくなったが、その伝統を受け継いだのがこの修道院だった。

1700年前後、フランスやスペインの支配を受けていたナポリには、多くの菓子技術が伝わる。イタリアの大富豪メディチ家が考案してフランスに伝わったというシュー生地も、逆輸入という形でナポリに伝わったのかもしれない。当時、料理にしか使われなかったシュー生地を修道院では菓子として扱い、さらにクリームをのせ豪華に仕上げたこのゼッポレは、かなり斬新な菓子だったのであろう。

キリストの養父、聖ジュゼッペを祝う3月19日はローマ帝国時代の祭りと日が近く、そして聖ジュゼッペは人生の後半に揚げ物屋を生業としていたため、揚げ物の守護聖人となった。それらのことから揚げ菓子が作られるようになったが、現在は健康志向からオーブンで焼くものも見られるように。とはいえ、2000年以上の歴史を持つゼッポレ、ナポリを訪れた際にはぜひ伝統である揚げたものを食べてほしい。

3／19 聖ジュゼッペの日

修道院名：聖グレゴリオ・アルメーノ修道院（p188）
エリア：カンパーニャ州／ナポリ　カテゴリー：揚げ菓子　シチュエーション：家庭菓子、パスティッチェリア
構成：シュー生地＋カスタードクリーム＋アマレーナのシロップ漬け

Pastiera

パスティエーラ

◎**材料**（直径18cmのタルト型／1台分）

基本のタルト生地（p173＊）…… 1/2量

A

- グラノコット（ゆで麦）…… 75g
- 牛乳 …… 45mℓ
- バター …… 5g
- 塩 …… ひとつまみ
- レモンの皮 …… 1/4個分

リコッタ …… 120g

グラニュー糖 …… 75g

B

- 卵 …… 1個
- オレンジの砂糖煮（細かく刻む）…… 30g
- オレンジの皮すりおろし …… 少量
- レモンの皮すりおろし …… 少量
- オレンジフラワーウォーター …… 3滴
- シナモンパウダー …… 小さじ1/2

＊基本のタルト生地は、バターの代わりに同量のストゥルットを使用

◎**作り方**

1 基本のタルト生地を作る。ただし、工程1でバターの代わりに同量のストゥルットを使用する。

2 鍋にAを入れて弱火にかけ、ヘラで時折混ぜながら約20分、水分がなくなるまで煮る。レモンの皮を除き、そのまま冷ます。

3 ざるで一晩水きりしたリコッタを裏ごししてボウルに入れ、グラニュー糖を加えて泡立て器でよく混ぜる。2、Bを加え、全体が均一になるまで泡立て器でよく混ぜ合わせる。

4 打ち粉をした台に1を出し、型の大きさに合わせてめん棒で5mm厚さの円形にのばし、バターを塗って薄力粉をはたいた（各分量外）型に敷き込む。3を流し込んで表面を平らにならす。余った生地で1cm幅の帯を7本作り、格子状に飾る。

5 170℃に温めたオーブンで約30分、150℃に下げてさらに約20分焼く。

春の香り漂う復活祭のタルト

陽射しが徐々に強くなり、春の兆しが感じられる頃になるとやってくる復活祭。ナポリでは麦とリコッタ入りのオレンジの香りがほんのり漂うタルトで祝うのが習慣だ。

16世紀、ナポリの聖グレゴリオ・アルメーノ修道院で生まれたという。前出の聖ジュゼッペのゼッポレ（p47）と同じ修道院のことである。この修道院には常に腕利きの修道女がいたのであろう。リコッタやオレンジといった春の食材、キリストの復活を象徴する卵、それに入手可能な食材を混ぜ合わせたところに、修道院の庭からオレンジの花を摘んで加えたのが始まりだとか。そうして作ったタルト生地は、一番ふくよかな修道女が礼拝の時に尻の下に敷いて祈りを捧げてから使ったのだとか。

材料は7つ、格子の飾りも7本。「7」はキリスト教において聖なる数字とされる。伝説では、この7つの材料（小麦粉、リコッタ、卵、牛乳でゆでた麦、オレンジ、スパイス、砂糖）はナポリに伝わる人魚パルテノペからの贈り物なのだとか。また、7本という格子の数は厳密にルールがあるわけではなく美しいひし形を作るためだというが、修道院の窓の格子を表しているという説もある。

パスティエーラは貴族への贈り物とされ、それはきれいに包装されていたという。一方、貧しい人々は、扉が開くたびに漂ってくる甘い香りを店の外で楽しんでいたという話が、少々もの悲しい。

3月下旬～4月　復活祭

修道院名：聖グレゴリオ・アルメーノ修道院（p188）

エリア：カンパーニャ州／ナポリ　カテゴリー：タルト・ケーキ　シチュエーション：家庭菓子、パスティッチェリア、バール・レストラン　構成：タルト生地＋グラノコット＋リコッタベースのクリーム＋オレンジフラワーウォーター

Cassatelle di Pasqua

復活祭のカッサテッレ

◎材料（16個分）

生地
- セモリナ粉 …… 100g
- 薄力粉 …… 100g
- グラニュー糖 …… 15g
- 白ワイン …… 大さじ4
- オリーブオイル …… 大さじ4
- レモンの皮すりおろし …… 少量

クリーム
- 基本のリコッタクリーム（p175）…… 200g
- チョコレートチップ …… 15g
- レモンの皮すりおろし …… 1/4個分
- シナモンパウダー …… 少量

サラダ油（揚げ油用）…… 適量

粉糖（仕上げ用）…… 適量

◎作り方

1 ボウルにクリームの材料を入れ、ヘラで混ぜ合わせる。

2 別のボウルに生地の材料を入れ、なめらかに、ひとかたまりになるまでこねる。

3 軽く打ち粉をした台に2を出し、めん棒で1mm厚さにのばす。直径10cmの丸型でぬいて16枚作る。

4 1を16等分にして3にのせ、半分に折る。縁を指で押してしっかりとじ、波型のパスタカッターで端を切り揃える。

5 180℃に熱したサラダ油でこんがりと揚げ、粉糖をふる。

人気がありすぎた復活祭の巨大ラビオリ

シチリアでリコッタといえば、羊乳である。その製法はアラブ人がシチリアに入植した際に伝わったものだ。羊は大人しく善良な動物であることからキリストにたとえられ*、復活祭には羊料理を食べる慣習があり、羊のリコッタを使う菓子も多い。そんな中でも修道院の門前に大行列ができたほどの人気の菓子があるという。リコッタがたっぷりの揚げ菓子、復活祭のカッサテッレだ。

パレルモの聖オリーヴァ修道院にはこんな逸話が残っている。カッサテッレは復活祭の前の金曜日に作られるが、その時期になると修道院の入り口には大量の人が菓子を求めて押し寄せた。そのため修道女たちは大忙しで、大事な礼拝の準備が間に合わず遅れてしまう。立腹した司祭は門の前に押しかけていた人々を外に追い出しながら、「cu nnappi nnappi r'e cassateddi i Pasqua!（ク・ナッピ・ナッピ・レ・カッサテッディ・イ・パスクア！＝買えなかった人は、買えなかった人で仕方がない！）」と大きな声で叫んだのだった。それ以降、時間内に作れるカッサテッレだけを販売し、時間が来たら礼拝の準備に取りかかるようにしたという。

この一文はシチリア人なら知らない人はいない有名なことわざで、「どんなに欲しても手に入らないものは仕方がない、なかったとしてもそれはそれで満足するべきだ」という意味で現在もよく使われている。私が最初に教わったシチリアのことわざでもあり、ナッピ・ナッピという言葉の響きがあまりにも可愛く、しばらくの間いつも呟いていたものだ。

揚げたての熱々をフーフーしながら頬張るのがいい。一度食べれば、当時の人たちが熱狂した気持ちもわかるはずだ。

＊羊は旧約聖書の中で生贄として捧げられていたことから「善良」とされ、自分の身を捧げて全ての罪をかぶったキリストにたとえられる。

3月下旬～4月　復活祭

修道院名：聖オリーヴァ修道院

エリア：シチリア州／パレルモ　カテゴリー：揚げ菓子　シチュエーション：家庭菓子、パスティッチェリア

構成：小麦粉ベースの生地＋リコッタクリーム

Cassata siciliana

カッサータ・シチリアーナ

◎**材料**（直径15cmのカッサータ型／1台分）

基本のスポンジ生地（p173）…… 80g
基本のマジパン生地A（p175）…… 70g
食用色粉（緑）…… 少量
基本のリコッタクリーム（p175）…… 150g
ビターチョコレート（細かく刻む）…… 10g
基本のグラッサ（p174）…… 100g
フルーツの砂糖煮（オレンジ、洋梨、
ドレンチェリーなど、飾り用）…… 適量

◎**作り方**

1 マジパン生地に、水（分量外）に溶かした色粉を3～4滴加え、色が混ざるようにこねる。粉糖（分量外）をふった台に出し、めん棒で5mm厚さにのばす。スポンジ生地は5mm厚さに切り、マジパン生地とともに型の深さに合わせた台形を各7～8切れ作る。残りのスポンジ生地で2cm幅の帯を6切れほど作る。

2 ラップを敷いた型の側面に、台形に切ったマジパンとスポンジを交互に隙間なく並べる。型の底面には、帯状に切ったスポンジ生地を敷き詰める。

3 リコッタクリームはチョコレートを加えてよく混ぜ、2に流し入れて平らにならす。帯状に切ったスポンジ生地を全面に並べ、手で軽く押して密着させ、ラップをかけて冷蔵庫で2時間休ませる。

4 上下を返して型からぬき、上面はグラッサを流して覆い、側面は刷毛で塗る。冷蔵庫で1時間休ませてグラッサを乾かし、フルーツの砂糖煮を飾る。

2000年のシチリアの歴史を旅する進化系

ゴージャスな風貌から「シチリア菓子の女王」とも評されるカッサータ・シチリアーナ。その歴史は、シチリアが歩んできた歴史でもある。原型はチーズにハチミツを加えたギリシャ、ローマ時代に作られていたシンプルな菓子。その後の舞台は9世紀の修道院に移り、アラブ人がサトウキビとリコッタを持ち込み甘いリコッタクリームが、12世紀にはシチリアのマルトラーナ修道院でマジパンが生まれる（p55）。その後、聖テレザ修道院にて、スポンジ、リコッタクリーム、マジパンを重ねたケーキが生まれ、それが起源となったという。

1575年には、シチリア西部の街マザーラ・デル・ヴァッロの聖ミケーレ修道院で「復活祭限定公式菓子」として定められ、それ以外の時期に作ることを禁止された。それは当時、修道女たちがこの甘い菓子の誘惑に駆られて日常の礼拝がおろそかになっていたのを見かねた司祭によるものだったという。そんな、シチリア全土の修道女を魅了した罪作りな菓子なのである。

そして19世紀になると、王宮の御用達だった菓子職人サルヴァトーレ・グリがフルーツの砂糖煮などを使って豪華に飾ったものが「グリのカッサータ」と呼ばれ、その噂はすぐにシチリア中へ、さらにはヨーロッパ貴族やアメリカの美食家を介して世界中に広がっていく。

一つの菓子を通して、2000年以上にわたるシチリアの歴史を見られるとはなんとも奥が深い、まさに女王の名にふさわしい菓子なのだ。

3月下旬～4月　復活祭

修道院名：聖テレザ修道院
エリア：シチリア州／パレルモ　カテゴリー：生菓子　シチュエーション：家庭菓子、パスティッチェリア、バール・レストラン　構成：スポンジ生地＋マジパン＋リコッタクリーム＋グラッサ＋フルーツの砂糖煮

Frutta Martorana

フルッタ・マルトラーナ

◎材料（作りやすい分量）

基本のマジパン生地Ｂ（p175）…… 2倍量
バニラエッセンス …… 適量
チョウジパウダー …… 適量
粉糖 …… 適量
食用色粉（赤・青・黄）…… 各適量

それぞれの個性が光るシチリアのパスティッチェリアのフルッタ・マルトラーナ。野菜や魚介類なども。

◎作り方

1 基本のマジパン生地Ｂを作る。ただし、工程3でバニラエッセンスとチョウジパウダーも加える。

2 成形する

〈リンゴ〉
マジパン生地30gを取り、手に軽く粉糖を付けながら手のひらで丸め、リンゴに成形する。

〈レモン、オレンジ、イチゴ、栗など〉
それぞれの型に合わせてマジパン生地を取り、手に軽く粉糖を付けながら手のひらで一度丸める。軽く粉糖をふった型に軽く押しながらマジパンを詰める。型から出して、付いた粉糖を刷毛ではらう。

3 色を付ける

食用色粉を使う。赤、青、黄を以下の割合を目安に少量の水（分量外）で溶かしてマジパンと混ぜ合わせ、好みの色を作るとよい。筆などで色付けし、半日ほど乾かして芯や葉を飾る。

オレンジ：黄＋赤 2：1　紫：青＋赤 1：1
茶：黄＋赤＋青 5：3：1

王様が愛した偽物の果物

パレルモの中心地にあるアンミラリオ教会に隣接して、1194年に貴族女性エロイザ・マルトラーナが建てたマルトラーナ修道院。多くのシチリア菓子のベースとなっているパスタ・レアーレ（マジパン生地）が生まれた修道院として知られ、本物そっくりの果物をマジパン生地で象ったシチリア名物フルッタ・マルトラーナの発祥地でもある。

10月の終わり頃、王様がマルトラーナ修道院の庭を11月1日の全聖人の日に訪問するという知らせを受けた修道院。しかし時は秋、ちょうど花も咲かず果物もなっていない時期である。修道女たちは決して美しいとは言い難い庭を彩る方法がないかと考えた末、アーモンドをつぶしハチミツを加えて甘い生地を作り、それを果物の形に象り、精巧に色を付けることを思い付く。それを庭の木々に飾ったのだ。さて訪問当日、修道院の回廊を散歩していた王様は、たわわに果物が実る庭を見て感激する。味見をしようと果物をもぎ取ると、初めてそれが偽物であることに気が付いた。口にすると今度はそのおいしさに感激し、「まさに王にふさわしい。これを“王のパスタ（生地）”と名付けよう！」と。そう、「レアーレ」は「王様」の意味。パスタ・レアーレはこうして誕生し、シチリア菓子の基礎がこの修道院で築かれたのだ。

その後、評判となったフルッタ・マルトラーナは修道院で一般にも販売されて現金収入を生み、修道院運営に大きく貢献する。技術革新、そして経営の基礎を築くという、大きな功績を残した修道院の偽果物なのであった。

11／2　死者の日

修道院名：マルトラーナ修道院（p189）
エリア：シチリア州／パレルモ　カテゴリー：アーモンド菓子　シチュエーション：家庭菓子、パスティッチェリア
構成：マジパン生地

Nzuddi ンズッディ

カターニャのやわらかいアーモンドクッキー

シチリア東部のカターニャにあるヴィンセンシオ会の修道院で、庭のオレンジを使って作られていたンズッディ。11月2日に死者を迎えるための菓子として、シチリアの名産物のアーモンドとオレンジで作られたのが始まりで、名前は修道会名のイタリア名「ヴィンツェンツォ」が変化し、愛称となったもの。シチリア北東部にあるメッシーナでは、6月3日の街の守護聖人の日の祝い菓子でもある。

◎材料（約32個分）

A
- 薄力粉 …… 200g
- 皮なしアーモンド …… 40g
- グラニュー糖 …… 145g

B
- オレンジの皮すりおろし …… 1/2個分
- アンモニアカ …… 3g
- シナモンパウダー …… 小さじ1

ハチミツ …… 10g
水 …… 90mℓ
粉糖 …… 適量
薄力粉 …… 適量
皮付きアーモンド（飾り用）…… 適量

◎作り方

1 Aをフードプロセッサーに入れて、アーモンドが粉状になるまで攪拌する。

2 ボウルにあけて、Bを加えてヘラで軽く混ぜ、ハチミツを加える。

3 分量の水を少しずつ加えながらヘラで全体を混ぜ合わせ、ボウルにラップをして冷蔵庫で30分休ませる。

4 小さなボウルに粉糖と薄力粉を2：1の割合で入れてよく混ぜ、3をスプーンですくって落とし、まわりに粉をまぶす。手で手早く直径約3㎝のボール状に成形し、オーブンシートを敷いた天板にのせ、手で軽くつぶして中央にアーモンドを飾る。

5 170℃に温めたオーブンで約10分、160℃に下げて約5分焼く。

11／2　死者の日

修道院名：不明
エリア：シチリア州／カターニャ　カテゴリー：ビスコッティ　シチュエーション：家庭菓子、パスティッチェリア
構成：アーモンド＋薄力粉＋砂糖＋オレンジの皮＋シナモンパウダー

Dita degli apostoli 使徒の指

◎材料（6個分）

生地
- 卵白 …… 2個分
- 塩 …… ひとつまみ

クリーム
- 基本のリコッタクリーム（p175）
  …… 150g
- チョコレートチップ …… 25g
- ラム酒（白）…… 5mℓ

バター …… 少量
シナモンパウダー、
　粉糖（仕上げ用）…… 各適量

◎作り方

1 クリームを作る。リコッタクリームとチョコレートチップをボウルに入れ、泡立て器でよく混ぜ合わせ、ラム酒を加え混ぜる。

2 別のボウルに卵白と塩を入れ、泡立て器で5分立てにする。

3 フライパンにバターを弱火で溶かし、2を大さじ2ほど入れ、直径10cmの円形にのばす。底面が固まってきたら上下を返し、裏面を軽く焼いて、焦げ目が付く前にフライパンから取り出す。

4 3の粗熱が取れたら1を大さじ2ほど、中央に横長に端まで広げ、手前からくるくる巻く。

5 皿に盛ってシナモンパウダーと粉糖をふる。

キリストの復活への願いを込めて

シチリアに程近いカラブリア州の街バニャーラ・カラブラの修道院で、中世に生まれた復活祭の菓子。キリストの傷に指で触れて復活を願うという「使徒の指」をイメージし、白くやわらかな生地にキリストの血を意味するカカオクリームを詰めたのが始まり。その後シチリアの修道院に伝わってレシピにリコッタが加わるが、現在では修道院では作られておらず、シチリアとプーリアの家庭菓子として親しまれている。

11／2　死者の日

修道院名：サンタ・マリア・エ・ドーディチ・アポストリ修道院（p189）
エリア：カラブリア州／バニャーラ・カラブラ　カテゴリー：生菓子　シチュエーション：家庭菓子
構成：卵白のクレープ生地＋リコッタクリーム

Biscotti di San Martino

聖マルティーノのビスコッティ

◎材料（8個分）

生地

- 薄力粉 …… 200g
- グラニュー糖 …… 40g
- ストゥルット …… 40g
- ビール酵母 …… 10g
- アニスシード …… 5g
- シナモンパウダー …… 少量
- 水 …… 40mℓ

モスカート …… 50mℓ

基本のリコッタクリーム（p175）…… 200g

チョコレートチップ …… 20g

粉糖（飾り用）……適量

◎作り方

1 生地を作る。ビール酵母をぬるま湯大さじ1（分量外）で溶かす。

2 台に薄力粉をのせて手で真ん中にくぼみを作り、残りの生地の材料を入れてなめらかになるまでこねる。

3 生地を8等分にし、長さ15cmの棒状にする。ぐるぐるとうずまき状に巻きながら直径5cmの円すい状にし、オーブンシートを敷いた天板に並べ、そのまま2時間置いて発酵させる。

4 200℃に温めたオーブンで約10分、160℃に下げて約10分焼く。

5 4の上部1/3を包丁で横に切り、全体をモスカートに軽く浸す。底の部分に、チョコチップを合わせたリコッタクリームを8等分にしてのせ、ふたをして粉糖をふる。

貧しい民に愛される聖人を祝う菓子

聖マルティーノは4世紀の軍人で、街で凍える物乞いが暖を取れるよう自分のマントを割いて分け与えたという伝説から、貧しい人々に愛される聖人である。

シチリアの州都パレルモにある聖カテリーナ修道院では、11月11日の聖マルティーノの日のためにアニスシードがたっぷりの菓子が作られていたとある。その起源となったのは、この日に農民が作っていた小麦ふすまとじゃがいもを水で練って揚げたシンプルな菓子だという。それにインスピレーションを得た修道女が、小麦粉にストゥルットを加えた生地にアニスシードやシナモンを加えてオーブンで焼き、リキュールをたっぷり染み込ませ、さらにリコッタやフルーツの砂糖煮を挟み、聖マルティーノを祝うための菓子とした。

その後この菓子は貴族の食卓にも並び、1300年初頭の聖カテリーナ修道院建設時、壁にフレスコ画を描いていた画家たちにもふるまわれたという記述がこの修道院に残っていることから、その頃のことと想像できる。そんな聖マルティーノの伝説にちなみ修道院では、貧しい民に向けてリコッタやフルーツが入らないシンプルなビスコッティが配られ、彼らはそれをワインに浸して食べたという。シチリアでは聖マルティーノの日は夏に仕込んだワインが発酵を終えて完成する日といわれ、その年の豊穣の祝いもかねていたからだ。

現在は、リコッタやフルーツの詰め物入りのものはパスティッチェリアで、シンプルなビスコッティはパニフィーチョで、両方が同じ名で親しまれている。シンプルなビスコッティは、この地の名産である甘いワインのモスカートやパッシートに浸して食べるのが習慣だ。

クリームののらないシンプルなビスコッティもある。上のレシピ通り焼き上げたら、オーブンにしばらく置き、余熱で中までしっかり乾かす。

11／11　聖マルティーノの日

修道院名：聖カテリーナ修道院（p188）

エリア：シチリア州／パレルモ　カテゴリー：ビスコッティ　シチュエーション：家庭菓子、パスティッチェリア、パニフィーチョ、バール・レストラン　構成：薄力粉＋砂糖＋ストゥルット＋ビール酵母＋アニスシード

Varchiglia alla monacale

修道士の小舟

◎材料（10×6cmのオーバルタルト型／6個分）

生地
- 基本のタルト生地（p173）…… 1/2量
- レモンの皮すりおろし …… 1/2個分

リピエーノ
- 皮なしアーモンド …… 125g
- ビターチョコレート …… 60g
- グラニュー糖 …… 35g
- 卵白 …… 1個分
- シナモンパウダー …… 少量

ビターチョコレート（仕上げ用）…… 125g

◎作り方

1 基本のタルト生地を作る。ただし、工程2でレモンの皮も加える。

2 リピエーノを作る。アーモンドはフードプロセッサーで粗めの粒状にしてボウルにあけ、グラニュー糖、湯せんで溶かしたチョコレート、シナモンパウダーを加えてヘラで混ぜ合わせる。卵白は泡立て器で5分立てにし、3回に分けて加え、その都度ヘラでさっくり混ぜる。

3 1を軽く打ち粉をした台に出して6等分にし、めん棒で3mm厚さにのばし、バターを塗って薄力粉をふった（各分量外）型に敷く。

4 3に2をたっぷりと詰めて天板に並べ、170℃に温めたオーブンで20〜25分焼き、冷めたら型から出す。

5 仕上げ用のチョコレートを湯せんで溶かし、4の表面に流し入れる。

南イタリア全土に伝わったカルメル修道会の小舟

1400年代、カラブリア州の山間部コゼンツァのカルメル修道会で生まれたアーモンドがたっぷり詰まったタルト。イタリア菓子はその土地の食材で作るのが特徴の一つだが、カラブリアはアーモンドの生産地である。

誕生当時は焼きっぱなしとも、グラッサで覆われていたともされ、とにかく現在のようなチョココーティングではなかった。それが16世紀頃になると、ヨーロッパにもチョコレートという新しい食材が登場。いち早く入手した修道院でもこの菓子にチョコレートをたっぷりかけることでさらに進化させた。

当時のコゼンツァはスペインの支配下にあり、この菓子のイタリア語名である「Varchiglia（ヴァルキリア）」は、スペイン語由来で「船」を意味するカラブリアの方言。オーバルの形が船に似ていることから名が付いた。カルメル会発祥の地は12世紀のパレスチナといわれ、その後キプロス島やシチリア島に渡り、ヨーロッパ全土に広がる。島々を移動していたカルメル会にとって、船は特別な存在だったのだろう。

調べると、この菓子はプーリア州のパスティッチョット、アブルッツォ州のボッコノットの起源だとか。いずれも形はオーバルで詰め物が入り、タルト生地をかぶせて焼いたもの。「なぜ南イタリア全土に同じ形の似た菓子が多いのか」という私の疑問が一気に解消した。カラブリアで生まれたこの菓子が、隣接する州に伝わり変化したのだと。

プーリア州南部のレッチェに伝わる伝統菓子パスティッチョット。カスタードクリームがたっぷり詰まっている。

12／8〜1／6　クリスマス期間

修道院名：不明
エリア：カラブリア州／コゼンツァ　カテゴリー：タルト・ケーキ　シチュエーション：家庭菓子、パスティッチェリア、バール・レストラン　構成：タルト生地＋チョコレートとアーモンドベースのリピエーノ＋チョコレート

A
B

C
D

Biscotti natalizzi di Napoli

ナポリのクリスマス・ビスコッティ

かつて貴族の子女が集まったナポリの修道院で

キリストの誕生を祝うクリスマスは1年で最も重要な祝いであり、イタリア全土に数多くの祝い菓子が存在する。中でも昔から資金が潤沢な修道院が多かったナポリにはこの時期に欠かせない4つのビスコッティがあり、全て異なる修道院で、異なる時期に誕生した。

この4つの修道院はともにナポリの街中にあり、徒歩30分ほどで全て回れる近距離にある。中世の時代は政治と宗教が密接に結びつき、貴族の子息は司祭に、子女は修道院で過ごすことが多く、ナポリの街に修道院が多いのは貴族の数からだろう。それぞれの修道院で、実にたくさんのクリスマス菓子が誕生した。

ロッココとサピエンツァは、アーモンドとハチミツがベースの、今では年中定番となったビスコッティだ。14世紀のフランス統治下時代に生まれたロッココは「岩のように硬い」という意味のフランス語（rocaille＝ロカイユ）が由来。17世紀生まれのサピエンツァは生まれた修道院の名前が付けられたが、スサメッリと呼ばれることも。それは、ギリシャのごま（セサモ）がのっているハチミツ（ミエーレ）入りの菓子が原型だったからだとか。いずれもピストと呼ばれるシナモン、ナツメグ、チョウジ、カルダモンなどから作られるナポリのミックススパイスが使われているのが特徴だ。

ディヴィーノ・アモーレとラッフィオーリは見た目は似ているが、由来に関係性はない。ディヴィーノ・アモーレは12世紀に貴族のために作られたのが始まりだ。一方、ラッフィオーリはラヴィオリが名の由来で、17世紀に北イタリアの修道院を発端に、ナポリの修道院で発展して今の形となったという。材料を見ると前者はアーモンドベース、後者は薄力粉ベースという点が誕生した時代を反映している。

異なる時代に生まれた菓子たちは、数百年が経った現在もナポリの街を賑わせ、ナポリの人々に愛され続けている。

12／8〜1／6　クリスマス期間

A ディヴィーノ・アモーレ

修道院名：ディヴィーノ・アモーレ修道院（p189）　エリア：カンパーニャ州 / ナポリ　カテゴリー：ビスコッティ　シチュエーション：家庭菓子、パスティッチェリア　構成：アーモンド生地＋フルーツの砂糖煮＋アプリコットジャム＋グラッサ

B ロッココ

修道院名：マッダレーナ修道院　エリア：カンパーニャ州 / ナポリ　カテゴリー：ビスコッティ　シチュエーション：家庭菓子、パスティッチェリア、パニフィーチョ　構成：薄力粉＋砂糖＋ハチミツ＋アーモンド＋ピスト

C ラッフィオーリ

修道院名：聖グレゴリオ・アルメーノ修道院（p188）　エリア：カンパーニャ州 / ナポリ　カテゴリー：ビスコッティ　シチュエーション：家庭菓子、パスティッチェリア　構成：薄力粉生地＋アプリコットジャム＋グラッサ

D サピエンツァ

修道院名：聖マリア・サピエンツァ修道院　エリア：カンパーニャ州 / ナポリ　カテゴリー：ビスコッティ　シチュエーション：家庭菓子、パスティッチェリア、パニフィーチョ　構成：薄力粉＋アーモンドパウダー＋ハチミツ＋砂糖＋ピスト

Divino Amore　ディヴィーノ・アモーレ

◎材料（約40個分）

アーモンドパウダー、グラニュー糖 …… 各250g
水 …… 75mℓ　全卵、卵黄 …… 各1個分
A
　オレンジの砂糖煮、チェードロの砂糖煮
　　（粗みじん切り）…… 各25g
　レモンの皮すりおろし …… 1/2個分
　バニラエッセンスまたは
　　バニラパウダー …… 少量
アプリコットジャム …… 大さじ2
グラッサ
　基本のグラッサ（p174）…… 200g
　食用色粉（赤）…… 少量

◎作り方

1 アーモンドパウダーをボウルに入れる。鍋にグラニュー糖と分量の水を入れて中火にかけ、118℃になったらボウルに注ぎ、ヘラでまとまるまでよく混ぜ合わせる。

2 全卵と卵黄を加えて手でこね、まとまったらAを加えてひとまとまりにする。

3 生地を40等分にし、それぞれ4×3cmのオーバル状に成形する。オーブンシートを敷いた天板に並べ、170℃に温めたオーブンで約12分焼いて冷ます。

4 少量の水（分量外）で薄めたアプリコットジャムを、3の表面に刷毛で塗る。

5 グラッサに色粉を加え、薄ピンク色に色付ける。4を手で持って表面全体をグラッサに浸け、そのまま置いて乾かす。

Roccoco'　ロッココ

◎材料（20個分）

薄力粉、グラニュー糖 …… 各250g
湯 …… 75g　ハチミツ …… 10g
皮付きアーモンド（ロースト）…… 250g
アンモニアカ …… 1g
ピスト（p64）…… 4g
オレンジの皮すりおろし …… 1/2個分
卵黄 …… 1個分

◎作り方

1 ボウルに卵黄以外の材料を入れ、手で混ぜてひとかたまりにする。

2 生地を20等分にし、13cm長さの棒状にする。両端をつなげてリング状に成形し、オーブンシートを敷いた天板に並べて表面に溶いた卵黄を塗る。

3 180℃に温めたオーブンで約10分、160℃に下げて約10分焼き、余熱でそのまま冷ます。

Raffioli　ラッフィオーリ

◎材料（約70個分）

全卵 …… 2個
卵黄 …… 1個分
卵白 …… 1個分
グラニュー糖 …… 120g
薄力粉 …… 150g
アンモニアカ …… 2g
レモンの皮すりおろし …… 1個分
バニラパウダー …… 少量
アプリコットジャム …… 適量
基本のグラッサ …… 120g

◎作り方

1 ボウルに全卵と卵黄を入れ、グラニュー糖を3回に分けて加えながら、その都度ミキサーで攪拌する。

2 もったりしてきたら薄力粉、アンモニアカ、レモンの皮、バニラパウダーを加え、なめらかになるまで泡立て器で攪拌する。

3 卵白は泡立て器で8分立てにし、2に加えてヘラでさっくり混ぜる。

4 絞り袋に3を入れ、オーブンシートを敷いた天板に幅約2cm、長さ約4cmに絞り出す。170℃に温めたオーブンで約10分焼き、冷ます。

5 少量の水で薄めたアプリコットジャムを表面に刷毛で塗る。手で持って表面全体をグラッサに浸け、そのまま置いて乾かす。

Sapienza　サピエンツァ

◎材料（12個分）

A
　薄力粉 …… 100g
　アーモンドパウダー …… 40g
　グラニュー糖 …… 25g
　ピスト …… 8g
　アンモニアカ …… 1g
ハチミツ …… 100g
皮付きアーモンド（飾り用）…… 適量

◎作り方

1 ボウルにAを入れ、混ぜ合わせる。

2 小鍋にハチミツを入れて溶かし、1に加えて手で握るようにしてひとまとまりにする。

3 2を12等分にして13cm長さのひも状にし、オーブンシートを敷いた天板の上にSの形にして置く。

4 アーモンドを飾り、170℃に温めたオーブンで約10分焼く。

Struffoli

ストゥルッフォリ

◎材料（10人分）

A

- 薄力粉 …… 400g
- グラニュー糖 …… 40g
- 溶かしバター …… 60g
- オレンジの皮すりおろし …… 1個分
- 全卵 …… 3個
- 卵黄 …… 1個分
- 塩 …… ひとつまみ
- アニスリキュール …… 15㎖

ハチミツ …… 100g

サラダ油（揚げ油用）…… 適量

オレンジの砂糖煮（1cm角）…… 30g

チェードロの砂糖煮（1cm角）…… 30g

オレンジの砂糖煮、ドレンチェリー、アラザン（飾り用）…… 各適量

◎作り方

1 ボウルにAを入れ、なめらかになるまでこねる。布をかぶせてそのまま30分休ませる。

2 1の一部を取って直径1cmのひも状にし、何本か作る。それを1cm幅に切る。

3 180℃に熱したサラダ油でこんがりと揚げ、油をきる（油の温度が下がらないよう、何度かに分けて揚げる）。

4 フライパンにハチミツを入れて弱火にかけ、溶けたら3を加えて全体を混ぜ、ハチミツを絡める。火からおろし、オレンジとチェードロの砂糖煮を加え、優しく混ぜる。

5 器に盛り、飾り用のオレンジの砂糖煮、ドレンチェリー、アラザンをあしらう。

ナポリに伝わるクリスマス菓子の王様

器に山のように高く盛られたストゥルッフォリは、ナポリのクリスマスの食卓の最後を飾る菓子として欠かせない風景だ。現在は家庭菓子であるが、かつては古代ギリシャの菓子を原型として修道院で進化したものだった。

古代ギリシャには、小さく丸めた生地を揚げてハチミツを絡めた、神に捧げるための菓子が存在していたという。それをオマージュしたのが16～17世紀のナポリのカルメル会の修道女たちだ。ギリシャ時代のシンプルな菓子を器に山盛りにし、フルーツの砂糖煮をたっぷりとのせて豪華に盛り付けた。

当時、クローチェ・ディ・ルッカ修道院は街の女子の孤児を受け入れ一緒に暮らし、祈りを捧げていた。その運営費はナポリの貴族からの寄付金で成り立っていたため、クリスマスになると、貴族たちにお礼としてストゥルッフォリなどのたくさんの菓子を作り、美しく包んで届けていたのだ。その後、この修道院は取り壊され、隣接していた小さな教会だけが残ったが、ストゥルッフォリのレシピはいつしか修道院の外に出て、ナポリ人の家庭菓子として代々受け継がれていった。

カルメル会の菓子にはストゥルッフォリをはじめ、修道士の小舟（p61）やフランス、ベルギーの修道院が発祥とされるゴーフル（ワッフル）など、現在も修道院の門を出て作り続けられている菓子が多い。それはカルメル会がパレスチナで生まれ、全ての菓子の発祥地といわれるギリシャや、菓子作りがさかんなシチリアを経由してヨーロッパに伝わってきたからではないだろうか。しかしながらまだ、それを証明する文献を発見できていない。今後も、引き続き調査を続けていきたい。

12／8～1／6　クリスマス期間

修道院名：クローチェ・ディ・ルッカ修道院（p189）
エリア：カンパーニャ州／ナポリ　カテゴリー：揚げ菓子　シチュエーション：家庭菓子、パスティッチェリア
構成：薄力粉＋砂糖＋バター＋卵＋ハチミツ＋フルーツの砂糖煮

Pampepato

パンペパート

◎材料（直径15cmの丸型／1台分）

A
- 薄力粉 …… 25g
- 皮付きアーモンド（ロースト）…… 100g
- ズッカータの砂糖煮（p168、粗みじん切り）…… 50g
- チェードロの砂糖煮（粗みじん切り）…… 50g
- オレンジの砂糖煮（粗みじん切り）…… 25g

B
- グラニュー糖 …… 80g
- ハチミツ …… 15g
- 水 …… 35mℓ

ミックススパイス
- シナモンパウダー …… 小さじ1/2
- コリアンダーパウダー、クローブパウダー、ナツメグパウダー、コショウ …… 各小さじ1/4

オスティア（p117）…… 適量

◎作り方

1 鍋にBを入れて中火にかけ、130℃になったらA、ミックススパイスの半量を加え、ヘラでしっかり混ぜ合わせる。

2 型の底と側面にオスティアを敷いて1を流し入れ、表面をヘラで手早く押し付けてならす。

3 180℃に温めたオーブンで約20分焼く。冷めたら、残りのスパイスをふる。

黒と白のパンフォルテ。シエナ銘菓だがフィレンツェでもパスティッチェリアのショーケースに並ぶ。

シエナ銘菓パンフォルテの先祖

トスカーナ州の古都シエナを歩くとあちこちで見かける丸くて薄い菓子、シエナ銘菓のパンフォルテ。祖先はこのパンペパートだ。

物語は13世紀初めに遡る。東方から伝わってきたスパイス、ベリー類、植物の根や葉は、薬用としての効能が高く、薬局では高価なものだった。しかし当時強大な力を有していた教会はそれを入手。最初は薬用として重宝したスパイスだが、料理や菓子に使われるうちに、保存性を高めたり過剰な発酵を防ぐなど、料理における効果も発見していく。そこで、当時作られていたハチミツと果物が入ったパンが、時の経過で発酵しカビが生えてしまう（pane fortis／パーネ・フォルティス＝酸っぱいパンと呼ばれていた）のを防ぐために、たっぷりのコショウとスパイスを加えてみた。これがパンペパートの始まりだという。その後、長い間この名で呼ばれてきたが、パンフォルテと現在の名で呼ばれるようになったのは19世紀のこと。イタリアの詩人ウーゴ・フォスコロがシエナの貴族から贈られたパンペパートをパンフォルテと呼び、その名が一般的に普及するようになった。

そして、黒かったパンペパートに革命が起きたのは、1879年のことだった。シエナのパリオ祭を見学しにきたサヴォイア家のマルゲリータ王妃のために、フルーツの砂糖煮がたっぷり入った「白いパンフォルテ」が登場する。

現在のパンフォルテはコショウがたっぷり入ったオリジナルのネーロ（黒）と、白く透き通った仕上がりのビアンコ（白）の2種あり、クリスマス期間中の食事の締めとして食べるのが習慣だ。

12／8～1／6　クリスマス期間

修道院名：モンテチェルソ修道院
エリア：トスカーナ州／シエナ　カテゴリー：焼き菓子　シチュエーション：家庭菓子、パスティッチェリア
構成：アーモンド＋フルーツの砂糖煮＋砂糖＋ハチミツ＋薄力粉＋シナモンなどのスパイス

Serpentone delle Monache

修道院の大蛇

◎材料（直径約18cm／1個分）

生地
- 薄力粉 …… 150g
- グラニュー糖 …… 25g
- オリーブオイル …… 大さじ2
- 水 …… 35mℓ
- 塩 …… ひとつまみ

リピエーノ
- リンゴ …… 250g
- 干しブドウ（粗みじん切り）…… 25g
- クルミ（粗みじん切り）…… 25g
- 干しイチジク（粗みじん切り）…… 25g
- 干しプルーン（粗みじん切り）…… 25g
- 皮なしアーモンド（粗みじん切り）…… 50g
- ヴィンサント …… 30mℓ

ドレンチェリー（赤）、皮なしアーモンド（飾り用）
…… 各1個

◎作り方

1. 生地を作る。全ての材料をボウルに入れてなめらかになるまでこね、ラップをかけて冷蔵庫で1時間休ませる。
2. リピエーノを作る。リンゴは皮をむいて縦8等分のくし形に切り、芯を取って2～3mm幅のいちょう切りにする。リンゴ以外の全ての材料をボウルに入れ、軽く混ぜて常温で30分休ませる。リンゴを加え、軽く混ぜる。
3. 打ち粉をした台に1を出してめん棒で50×40cmにのばし、2をのせて全体に広げ、手前からくるくると巻く。
4. オーブンシートを敷いた天板の中心に、隙間なくぐるりととぐろを巻いた状態に成形する。中心部分に半分に切ったドレンチェリー2切れを置き、その間にアーモンドを押し込む（ドレンチェリーが蛇の目、アーモンドが蛇の口を示す）。
5. 170℃に温めたオーブンで約35分焼く。

ウンブリア州の伝統菓子に似たミステリアスな大蛇

ウンブリア州のカプチン派の修道院に伝わる、詰め物がたっぷり入った大蛇の形をした菓子があると聞いた。その名も「修道院の大蛇」だ。調べてみると、どんな菓子であるかまではわかったのだが、どこで、どういう経緯で作られたのか、それを記す文書が全く見つからない。しかし、その「大蛇」は同州の伝統菓子として有名な「ロッチャータ」にそっくりなのである。

ロッチャータの起源はいろいろな説があるが、18世紀頃にオーストリアで作られ始めた、薄い生地で詰め物を巻いたシュトゥルーデルが原型という説が有力だ。北イタリアに伝わり、さらにウンブリア州まで南下し、現在もフォリーニョ、アッシジ、スペッロ等の街で伝統菓子として受け継がれている。

カプチン派修道会は16世紀、アッシジのフランチェスコ会から分派して創立された。ウンブリア州には多くのカプチン派の修道院があるのだが、その場所を調べてみると、なんとロッチャータが伝わる街と偶然とは思えないくらい一致しているではないか。

菓子の形となっている蛇は、キリスト教では「邪悪」「賢さ」の2つの意味を持ち、聖書の物語には欠かせない存在であるし、材料には聖なる酒ヴィンサントも使われている。

調べれば調べるほど、修道院で作られた説が強いと思われるこの大蛇の菓子。北イタリアのカプチン派修道院を経由してウンブリアに伝わってきて、それが民間に伝わってロッチャータとなり、伝統菓子となったのか。しかし、もはや真実を知ることはできない。

12／8～1／6　クリスマス期間

修道院名：不明
エリア：ウンブリア州 / ペルージャ　カテゴリー：焼き菓子　シチュエーション：家庭菓子
構成：薄力粉ベースの生地＋リンゴ＋ドライフルーツや木の実のリピエーノ

Cuddureddi con lu Ficu

イチジクのクッドゥレッディ

◎材料（10個分）

生地A

- 薄力粉 …… 125g
- ベーキングパウダー …… 2g
- バニラパウダー …… 少量

生地B

- ストゥルット …… 35g
- グラニュー糖 …… 35g
- 塩 …… ひとつまみ

牛乳 …… 35mℓ

リピエーノ

- 干しイチジク …… 10g
- 干しブドウ …… 25g
- 皮なしアーモンド（ロースト）…… 30g
- アニスシード …… 小さじ1/4
- シナモンパウダー …… 小さじ1/4
- ハチミツ …… 15g
- ビターチョコチップ …… 15g
- オレンジの皮すりおろし …… 1/2個分
- マルサラ酒 …… 小さじ1

◎作り方

1 生地を作る。ボウルにAを入れて軽く混ぜ、Bを加えて指先ですり合わせる。牛乳を少しずつ加えながら、一つにまとめるように軽くこね、ラップをして冷蔵庫で2時間休ませる。

2 リピエーノを作る。ドライフルーツをボウルに入れ、ぬるま湯（分量外）をひたひたに注ぎ、約30分置いてやわらかく戻す。水気をよく絞ってローストしたアーモンドとともにフードプロセッサーで細かくし、他の材料と合わせて手で一つにまとめる。

3 軽く打ち粉をした台に1の生地を出し、めん棒で2mm厚さにのばして10×6cmの長方形を10枚作る。

4 2のリピエーノを10等分にして10cm長さの棒状にし、3の生地に横にのせる。生地の部分に軽く水をつけ、手前と奥からたたみ、とじ目を軽く指で押してとじる。両手でコロコロ転がすようにして15cm長さの棒状にし、両端をつなげてリング状に成形する。同様にして10個作り、オーブンシートを敷いた天板に並べる。

5 はさみで数か所に切り目を入れ、170°Cに温めたオーブンで約20分焼く。

夏の恵み干しイチジクのクリスマス菓子

シチリアの州都パレルモから最西端トラーパニに向かう途中、ブドウ畑に囲まれた小高い丘陵地帯にあるアルカモには、菓子作りがさかんなベネディクト会の修道院がある。

シチリアの修道院の中庭にはオレンジやレモンなどと共に必ず植樹され、熟すと大量の蜜が出るほどの甘みを持つイチジク。夏に収穫したら、干したりジャムやシロップにしてクリスマス時期まで保存しておく。イチジクの原産地は地中海地域で、紀元前から栽培されピラミッドの壁画に描かれていたり、旧約聖書の中でアダムとイブのストーリーにも登場したりと何かと逸話の多い果物だ。

「クッドゥレッディ」は王冠という意味で語源はギリシャ語。その丸い形からこの名が付いた。シチリアの修道院には干しイチジクの詰め物が入る菓子が他にもあるが、干しブドウが使われているのはブドウ栽培がさかんな土地ならではだ。

アルカモのパスティッチェリアには、現在もいくつかの修道院菓子が並ぶ。長い間、門外不出とされてきた修道院のレシピだが、近世になって孤児たちが成人した後、修道院を出て菓子作りを始めたことで、レシピが外にも伝わっていく。そして今では、手軽に修道院菓子を味わえることに感謝するのであった。

12／8～1／6　クリスマス期間

修道院名：聖フランチェスコ・ディ・パオラ修道院
エリア：シチリア州／アルカモ　カテゴリー：ビスコッティ　シチュエーション：家庭菓子、パスティッチェリア
構成：薄力粉ベースの生地＋ドライフルーツ、アーモンドなどのリピエーノ

Nucatoli

ヌカートリ

◎材料（24個分）

生地
- 薄力粉 …… 250g
- ストゥルット …… 40g
- グラニュー糖 …… 150g
- マルサラ酒 …… 60mℓ
- 卵黄 …… 1個分
- オレンジの皮すりおろし …… 1/2個分
- バニラパウダー …… 少量
- シナモンパウダー …… ひとつまみ

リピエーノ
- A
  - アーモンドパウダー …… 200g
  - グラニュー糖 …… 50g
  - オレンジの皮すりおろし …… 1/2個分
  - バニラパウダー …… 少量
  - シナモンパウダー …… 小さじ1
- リキュール・ストレーガ …… 20mℓ
- 水 …… 30～40mℓ

基本のグラッサ（p174）…… 90g

花の砂糖細工（市販・飾り用）…… 適量

◎作り方

1 生地を作る。ボウルに薄力粉とストゥルットを入れ、指先ですり混ぜる。

2 生地の残りの材料を加えてなめらかになるまでこね、ラップをして冷蔵庫で1時間休ませる。

3 リピエーノを作る。ボウルにAを入れて軽く混ぜ、リキュール・ストレーガを加えてヘラで混ぜる。分量の水を少しずつ加えながら一つにまとめる。

4 打ち粉をした台に生地を出し、めん棒で2mm厚さにのばす。8cm角の正方形に波型カッターで切り、24枚作る。

5 リピエーノを24等分にして生地の中央にのせ、四つ角を中心に向かって合わせ、指で押してしっかりとじる。

6 180℃に温めたオーブンで約12分焼く。冷めたら中心にグラッサをのせて花の砂糖細工を飾る。

リキュール・ストレーガはシナモン、アイリス、ジャマイカペッパー、ミント、フェンネルなどから抽出したもの。黄色はサフランの色。

シチリアの木の実のビスコッティ

この奇妙な名前はアラブ語の「クルミ」という意味の言葉が由来で、フランスでは同じ語源で「ヌガー」となった。9～10世紀のアラブ人統治下時代のシチリアで生まれたことが想像できる。詰め物に使われるリキュール「ストレーガ（魔女）」は、カンパーニャ州のヴェネヴェントという魔女が集まるといわれる街に伝わる、70種類以上の薬草を配合したもの。現在はアルベルティ社で造られるリキュールだが、もしかしたらその起源は修道院にあり、一時期はシチリア王国として同じ国だったこともあるシチリア州とカンパーニャ州、その時代にシチリアに伝わってきた可能性もあるのか、などと妄想してみる。

シチリアをぐるりと回ってみると同じ名前で違う形の菓子がいくつもあるが、共通しているのはクルミやアーモンドなどの木の実を使った詰め物を小麦粉ベースの生地で包んであり、そのほとんどが修道院の出身だということ。中でもパレルモの聖エリザベッタ修道院に伝わるのは、四角く砂糖細工の花がちょこんとのった愛らしいもので、その姿は魔女のイメージとは程遠いのだ。

12／8～1／6　クリスマス期間

修道院名：聖エリザベッタ修道院

エリア：シチリア州／パレルモ　カテゴリー：ビスコッティ　シチュエーション：家庭菓子、パスティッチェリア

構成：薄力粉ベースの生地＋アーモンドベースのリピエーノ＋グラッサ

Couscous di pistacchio

ピスタチオのクスクス

◎材料（6人分）

クスクス …… 100g
ビターチョコレート（みじん切り）…… 30g
ピスタチオ …… 30g
皮なしアーモンド …… 30g
ズッカータ（p168、粗みじん切り）…… 20g
シナモンパウダー …… 2g
チョウジパウダー …… 2g
粉糖 …… 10g
ピスタチオダイス（飾り用）…… 20g
ドレンチェリー（飾り用）…… 適量

◎作り方

1 アーモンドとピスタチオは180℃のオーブンでローストし、粗みじん切りにする。

2 クスクスは表示の量の熱湯に入れて火からおろす。ふたをして10分蒸らし、ふたを外してそのまま粗熱を取る。

3 1と、飾り用以外の残りの材料を2に加え、よく混ぜ合わせる。冷蔵庫で約30分休ませ、なじませる。

4 皿に盛り、ピスタチオダイス、ドレンチェリーで飾る。

聖なる修道院の秘密のレシピ

春の気配が近づく頃、シチリア南西部、ギリシャ神殿で知られるアグリジェントの丘は、桜そっくりの花が満開の時期を迎える。これはアーモンドの花で、アグリジェントはアーモンドやピスタチオの一大生産地として有名だ。そしてもう一つの名物が修道院菓子、しかもイタリア国内でも少なくなった修道院内の工房で作り販売まで行う「本物の」修道院菓子というのだから、菓子好きにはたまらない。その修道院とはアグリジェントの旧市街にあるサント・スピリト修道院。13世紀、高貴なキアラモンテ家の侯爵夫人の寄付によって建てられたベネディクト会から派生したシトー派の修道院だ。数あるシチリアの修道院の中でも、ここでしか味わえないスペシャリティ、それがピスタチオのクスクスだ。

クスクスはシチリア西部に伝わる伝統料理。北アフリカから伝わってきたのだが、生の挽き割り小麦を打って1時間以上蒸すという実に手間と時間がかかる一品だ。伝説によると14世紀頃、北アフリカから来た一人の女性が貴族の家や修道院で家政婦として働いていた時に手打ちクスクスをふるまったところ、初めて見るその料理に魅了された修道女が、地元の材料、つまりアーモンドとピスタチオを使って甘い菓子に仕上げたというのだが、はっきりしたことはよくわかっていない。

修道院菓子の多くは今やその土地の伝統菓子となっているが、このピスタチオのクスクスは、なかなか修道院のものと同じ味、同じ見た目に仕上がらない。多くのシェフが作り出すものも、修道院のそれとは大きく異なる。サント・スピリト修道院の甘いクスクスには、本当に秘密が隠されているのか。その秘密を探りにもう一度修道院を訪れたい、という好奇心がむくむくと湧くのだった。

サント・スピリト修道院のピスタチオのクスクス。なぜ全体が緑色に染まるのかは、レシピ非公開なので謎のままだ。

12／8～1／6　クリスマス期間

修道院名：サント・スピリト修道院（p188）
エリア：シチリア州／アグリジェント　カテゴリー：スプーン菓子　シチュエーション：家庭菓子、パスティッチェリア、バール・レストラン　構成：クスクス＋アーモンド＋ピスタチオ＋ズッカータ＋チョコレート

Certosino

チェルトジーノ

◎材料（直径15cmの丸型／1台分）

A
- 薄力粉 …… 90g
- ココアパウダー …… 15g
- ビターチョコレート（細かく刻む）…… 10g
- シナモンパウダー …… 小さじ1/2
- ベーキングパウダー …… 2g
- モスタルダ・ボロネーゼ（p168）…… 60g
- 皮なしアーモンド …… 50g
- 松の実 …… 10g

ハチミツ …… 75g
好みのフルーツの砂糖煮（オレンジ、チェードロなど、細かく刻む）…… 15g
マルサラ酒 …… 40mℓ
好みのフルーツの砂糖煮（飾り用）…… 適量
皮なしアーモンド（飾り用）…… 適量

◎作り方

1 ハチミツは鍋に入れて弱火にかけ、溶けたらフルーツの砂糖煮を加えて2〜3分煮る。

2 ボウルにAと1を入れてヘラで混ぜ合わせる。マルサラ酒を少しずつ加えながら、均一になるまでよく混ぜ合わせる。

3 オーブンシートを敷いた型に2を入れて平らにならし、布巾をかけて24時間生地を休ませる。

4 フルーツの砂糖煮、アーモンドを飾り、170℃に温めたオーブンで25〜30分焼く。冷めたら鍋で溶かしたハチミツ（分量外）を刷毛で表面に塗り、24時間休ませる。

ボローニャ人のクリスマス菓子といえば……

美しき古都ボローニャでクリスマス菓子といえば、パネットーネでも、パンドーロでもなく、このチェルトジーノだろう。街のパスティッチェリアのショーケースにずらりと並ぶ、ボローニャ人の愛する菓子である。

「Certosino」は11世紀にフランスで生まれた修道会の一派であるカルトジオ会の信者を表すイタリア語。中世、その修道院で作られていたことからこの名が付いたが、先に作っていたのは薬局だった。当時東方からやってきたスパイスや薬草を扱っていた薬局で、小麦粉を水で練ってスパイスやハチミツを加えて焼いた「Pane speziale（パーネ・スペツィアーレ＝スパイスの利いたパン）」として生まれた。やがてその作り手をカルトジオ修道院が担うようになったことから、チェルトジーノと呼ばれるように。さらに19世紀になると、街の手打ちパスタの店が初めて修道院以外でチェルトジーノをデザートとして作り始め、一般家庭にも広がっていく。

材料のモスタルダは、ボローニャに伝わるリンゴ、カリンなどの果物を煮たマスタード入りのジャム。ハチミツとモスタルダがたっぷり入った生地は、見た目よりもやわらかく長期保存が可能で、寝かせるほどおいしくなるとか。とっても甘そうに見えるがいざ口にすると、生地のココアやスパイスと甘みがバランスよく、赤ワインや甘いワインにも合う。

カルトジオ会の敷地は、現在は公共の墓地として運営されていて、修道院内にある聖ジローラモ教会は訪問も可能。気候のよい季節に、広大な敷地を散歩してみたい。

12／8〜1／6　クリスマス期間

修道院名：カルトジオ修道院（ボローニャ、p188）
エリア：エミリア・ロマーニャ州 / ボローニャ　カテゴリー：タルト・ケーキ　シチュエーション：家庭菓子、パスティッチェリア、パニフィーチョ　構成：薄力粉＋ココアパウダー＋ハチミツ＋フルーツの砂糖煮＋木の実＋モスタルダ＋マルサラ酒

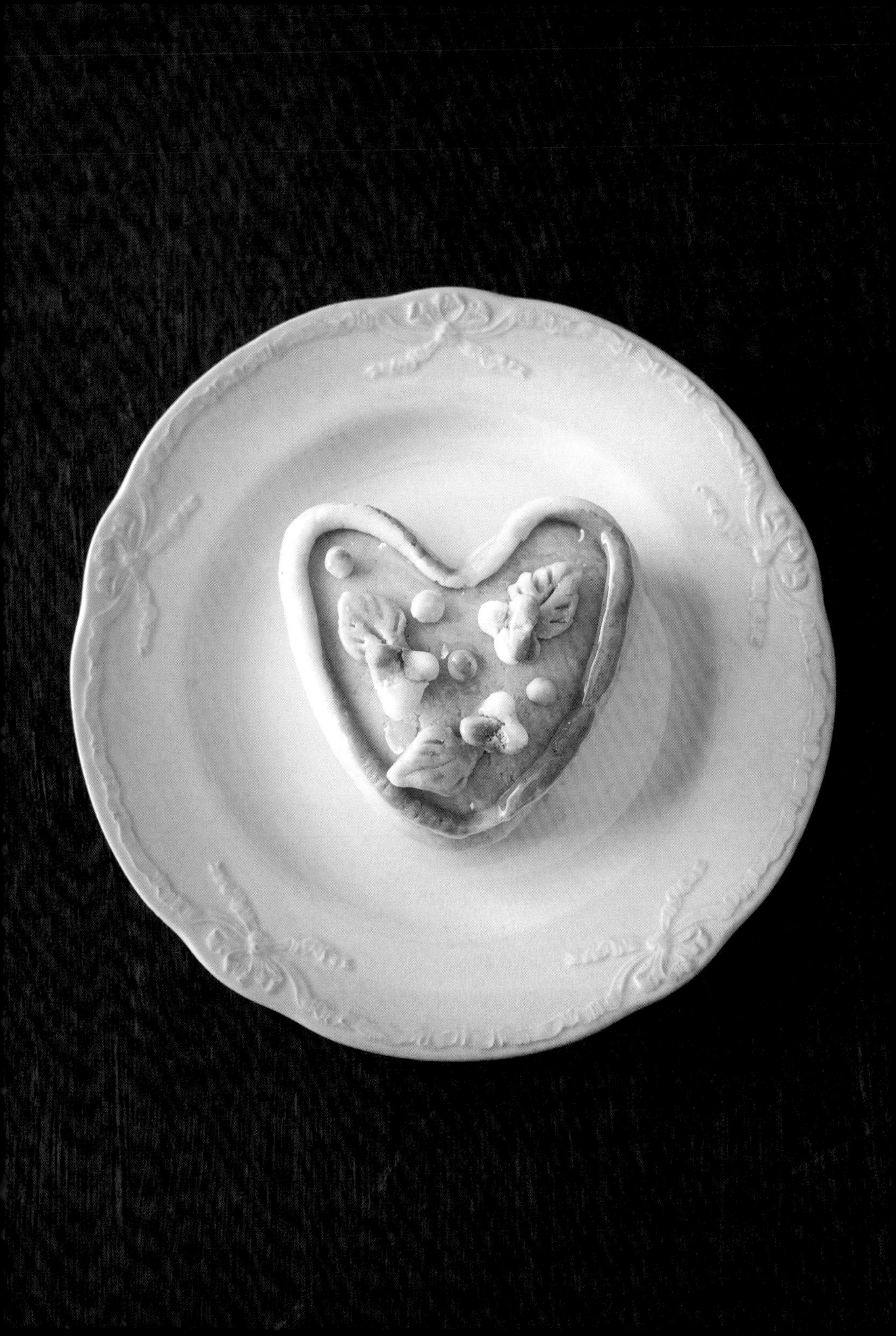

Cuore

クオーレ

◎材料（1個分）

基本のマジパン生地B（p175）…… 170g
ズッカータ（p168）…… 50g
食用色粉（緑、赤など）…… 各適量

◎作り方

1 マジパン生地100gは粉糖（分量外）をふった台に出し、丸めて真ん中を手で押してくぼませる。直径約10㎝のハート形に成形し、くぼみにズッカータを詰める。

2 マジパン生地50gは、1と同じくらいの大きさの円形にめん棒でのばし、1にふたをするようにかぶせる。はみ出した生地は包丁で切り落とし、手に水をつけながら上下の生地をつまんでとじる。

3 残ったマジパン生地は、少量の水（分量外）で溶いた色粉で色付けして花やひもを作り、上下を返した2に飾る。

人気パスティッチェリアの女主人の思い出の菓子

シチリア西部の中世の街エリチェ、ここには修道院菓子を作り続けるイタリアでも有名なパスティッチェリア「マリア・グラマティコ」がある。店名は店の女主人のフルネームで、私がかつて修業をしていた店でもある。

彼女が幼少期から成人するまでを過ごしていたのは、エリチェの聖カルロ修道院。幼い頃に父を亡くし、妹と共に修道院に預けられ、成人になる18歳までを過ごした。修道院を出ると、同じくエリチェの路地にある小さなスペースを借りて菓子屋を開店、たった4種類の菓子でのスタートだったという。彼女が作る修道院菓子の噂は少しずつ広がり、50年以上経った今は、世界中から彼女の菓子を求めて行列ができる大人気店となった。

聖カルロ修道院のスペシャリティであったクオーレは、マリアにとって思い出の菓子の一つだ。ズッカータを詰めたハート型のマジパンの上に、小さなマジパンの花を飾る。クリスマスが近づくとマリアはずっと作業台に座り続け、飾りを一つひとつ丁寧に作りながら、修道院での話をたくさん語ってくれた。この経験こそが、私が修道院菓子に興味を持った原点だ。私が店の門を叩いた時のことは、今でも鮮明に覚えている。「伝統を学ぼうと来てくれる人がいて本当に嬉しいわ。何でも教えるから、ペンとノートを忘れずに持ってくるのよ」。後になり知ったのだが、修道院菓子は継ぎ手が少なく、このままでは廃れてしまうと危惧していたマリアは、レシピ本を出版するなど、後世に伝える作業に注力していたそうだ。私は伝統を受け継ぐ小さな一端となれることがとても嬉しく、心から感動した。本書もまた、マリアの願いを叶える力に少しでもなれたら心より嬉しく思う。

クリスマスシーズンになるとアンティークの棚にずらりと並ぶ、カラフルで華やかなマリア・グラマティコのクオーレ。

12／8～1／6　クリスマス期間

修道院名：聖カルロ修道院（p189）
エリア：シチリア州/エリチェ　カテゴリー：アーモンド菓子　シチュエーション：パスティッチェリア
構成：マジパン生地＋ズッカータ

Pampapato

パンパパート

◎材料（直径10×高さ3cmのドーム形／1個分）

薄力粉 …… 100g
皮なしアーモンド（細かく刻む）…… 50g
ハチミツ …… 50g
ココアパウダー …… 50g
牛乳 …… 80mℓ
フルーツの砂糖煮
（オレンジやチェードロなど数種を合わせて）…… 計50g
シナモンパウダー …… 1g
チョウジパウダー …… 1g
ビターチョコレート（細かく刻む）…… 100g

◎作り方

1 フルーツの砂糖煮は1cm角に切る。
2 ボウルに1、牛乳とチョコレート以外の材料を入れる。牛乳は人肌に温めて少しずつ加えながら、一つにまとまるまでしっかりこねる。
3 ドーム状に成形してオーブンシートを敷いた天板に置き、170℃に温めたオーブンで約40分焼いて冷ます。
4 湯せんで溶かしたチョコレートで3の全体を覆い、そのまま置いて冷ます。

エステ家御用達の法王に捧げたスパイスケーキ

古い石畳が敷かれた細い路地の一角にある煉瓦造りのコルプス・ドミニ修道院。1406年に建てられた聖クララ会の修道院で、今ではひっそりとして質素に見えるが、かつては100人以上の修道女たちが祈りを捧げた大きな修道院だった。当時、フェッラーラを大繁栄に導いたエステ家*との関係は深く、同家の墓所でもある。この修道院で、16世紀に生まれたのがパンパパートである。

「法王のパン」を意味する名の由来は、法王の帽子にその形が似ているからという説と、法王に献上した際に大変喜ばれたからという説がある。1501年、ローマ教皇アレクサンデル6世を父に持つボルジア家のルクレツィアがフェッラーラ公と結婚し、エステ家と教皇との距離が非常に近かったことから、いずれの説も信憑性は高い。修道院発祥というと神聖なもののように感じるが、ボルジア家にはよい噂がなく、贅沢な宴会に散財する天性の浪費家だったことで知られる。貴重だったスパイスがたっぷり使われ、エステ家の豪華な晩餐会で大好評。中には金を入れて贈り物としたなどという逸話もある。

アメリカ大陸の発見とともにカカオが修道院に入ると、レシピにカカオが加わるようになる。しかし、当時精力増強の媚薬とされていたカカオをたっぷり使ったパンパパートは、その後、修道院での製造が中止されることに。

1900年代に入ると菓子職人グイド・ゲッツの手により16世紀のレシピが改良され、チョコレートコーティングがされるように。これが民衆たちの注目を浴びて見事に復活。現在パンパパートはIGP（保護指定地域表示）というEU（欧州連合）が定めるご当地生産物の認定を受け、フェッラーラ銘菓となっている。

修道院は1665年のクリスマスの夜の火事で大きな被害が出たが、その後修復され現在も訪問可能。教会とエステ家の墓所も見学できる。当時の繁栄を支えたエステ家の人々はこの修道院の地下で、今も眠っている。

*フェッラーラ公国は11～15世紀にかけてイタリアの有力貴族であったエステ家が統治し、ルネッサンス期に文化の中心地の一つとして繁栄した。

12／8～1／6　クリスマス期間

修道院名：コルプス・ドミニ修道院（p188）
エリア：エミリア・ロマーニャ州／フェッラーラ　カテゴリー：焼き菓子　シチュエーション：家庭菓子、パスティッチェリア　構成：薄力粉＋アーモンド＋ハチミツ＋ココアパウダー＋牛乳＋フルーツの砂糖煮＋チョコレート

Pasta di mandorle パスタ・ディ・マンドルレ

◎材料（長径20～25cmの魚型／1台分）
基本のマジパン生地B（p175）…… 200g
洋梨のコンフェットゥーラ …… 70g
ココアパウダー（仕上げ用）…… 適量

◎作り方

1 マジパン生地は半量をめん棒で1cm厚さにのばし、粉糖（分量外）をふった型に敷き込む。くぼみに洋梨のコンフェットゥーラを詰める。
2 残りのマジパン生地をめん棒で1cm厚さにのばし、1にかぶせてふたをする。上下を返して型から出し、生地がはみ出た部分を包丁で切り落とす。
3 ココアパウダーは少量の水（分量外）で溶かして、刷毛で2の上面に塗って色付けする。

キリストのシンボルのマジパン菓子

イタリア半島のかかとに位置するプーリア州のレッチェ。この地に1133年に建てられたベネディクト会の修道院で、1700年頃から現在に至るまで作られているマジパン菓子だ。

クリスマスには魚、復活祭には羊と、それぞれキリストのシンボルをマジパンで象ったもので、アーモンドはプーリア産を使用。中には工房手作りの洋梨ジャムが詰められている。20世紀半ばくらいまでは卵黄ベースのクリームも詰められていたが、近年では保存が難しいという理由で使われなくなった。シンプルな白い箱に詰められたマジパン菓子には、修道女たちの祈りが込められているのだろう。特別な日に、神聖な気持ちで味わいたいものである。

12／8～1／6　クリスマス時期、3月下旬～4月　復活祭

修道院名：聖ジョヴァンニ・エヴァンジェリスタ修道院（p189）
エリア：プーリア州／レッチェ　カテゴリー：アーモンド菓子　シチュエーション：パスティッチェリア
構成：マジパン生地＋洋梨のコンフェットゥーラ

Cialde di Santa Lucia 聖ルチアのチャルデ

◎材料（直径10cmのチャルデ型／約12枚分）
ヴィンサント …… 20mℓ
オリーブオイル ……20mℓ
グラニュー糖 …… 20g
アニスシード …… 小さじ1/2
薄力粉 …… 50g
水 …… 20mℓ

◎作り方

1 ボウルにヴィンサントとアニスシードを入れ、30分置く。
2 オリーブオイル、グラニュー糖を加え、泡立て器でよく混ぜる。
3 薄力粉の半量、水10mℓを加えてその都度軽く混ぜ、なめらかになったら残りの薄力粉、水10mℓの順で加えてその都度なめらかになるまで混ぜる。
4 型を中火で熱してオリーブオイル（分量外）を軽く塗り、大さじ1/2程度の生地を流し入れてふたを閉じ、両面を中火でこんがりと焼く。

アニスが香る聖ルチアのパリパリワッフル

ウンブリア州フォリーニョにある聖ルチア修道院のスペシャリティで、丸い形は目の守護神である聖ルチアにちなんだものだとか。かつて使われていた専用の鉄の焼き型は、オスティア（p117）用に生まれたもので、直火から遠ざかるよう持ち手が70cmと長く、有力貴族の紋章が入ったものもあり、現在はウンブリア州トルジャーノの博物館に保存されている。12月13日の聖ルチアの日を中心に、クリスマス時期に販売されている。

12／13 聖ルチアの日、12／8～1／16 クリスマス時期

修道院名：聖ルチア修道院（p189）
エリア：ウンブリア州 / フォリーニョ　カテゴリー：焼き菓子　シチュエーション：家庭菓子、パスティッチェリア
構成：薄力粉＋砂糖＋ヴィンサント＋オリーブオイル＋アニスシード

聖人の日の菓子

クリスマスや復活祭、カーニバルなど、イタリアにはキリスト教に関連する祝いごとが数多くあり、食文化とも密接に関わっている。そしてそれ以外にも毎日のように、イタリア中のどこかの街で守護聖人をまつる祝いごとがある。

イタリアのカレンダーには毎日小さな文字で守護聖人の名前が書かれているのだが、それはカトリックの国では365日それぞれにゆかりのある聖人が、守護聖人として割り当てられているからだ。そもそも聖人とはキリストの教えに忠実である偉大な信仰者を指し、段階を経て福者から聖人へと認定される。聖人の日の多くは殉教日や命日などから決められるが、各街にゆかりのある聖人がその街の守護聖人に定められ、その聖人の日は、その街だけの祝日となる。

ちなみにイタリア人の名前のほとんどは聖人の名前由来であり、その聖人の日がくると、周囲からは「Auguri（おめでとう）！」と祝いの言葉が投げかけられるのだ。

そんなキリスト教の祭りに欠かせないのが菓子である。世界最古の菓子は古代ギリシャで神への捧げ物として生まれた祝い菓子で、その後、教会の全ての典礼を執り行っていた修道院で発展。高価な食材を使い、長い年月をかけた技術の集大成である修道院菓子は、16世紀の宗教改革により衰退し、19世紀の産業革命で一気に増えたパスティッチェリアに引き継がれていく。

その一方で、一般市民は街に奇跡を起こし救ったとされる守護聖人を強く信仰し、その信仰心の形として独自の祝い菓子を作るようになった。高価な食材は使えなかったため、雑穀、小麦ふすま、とうもろこし粉、甘味料としてのハチミツ、と手に入りやすい材料で素朴な菓子が作られていた。そして19世紀以降、砂糖の精製技術が発展し安価で流通し始めると、祝い菓子への熱はさらに強まっていく。そして材料も作り方もシンプルな民間発祥の祝い菓子は、家庭菓子として親しまれながら現代に受け継がれている。なお、本項ではこの一般家庭に由来する菓子を紹介している。

イタリアの聖人にまつわる菓子はざっと列挙しただけでも100以上あり、小さな地域でのみ作られるような、あまり知られていない菓子も含めると相当数あるというから興味深い。

守護聖人の日が近づくと街にはイルミネーションが灯り、パスティッチェリアや家庭では聖人にちなんだ祝い菓子作りの準備が進められ、街は徐々に盛り上がりを見せていく。そして当日には、守護聖人の像が神輿《みこし》のように担がれて街を練り歩き、人々はその後ろをぞろぞろと列をなして一緒に歩き、最終的には教会での礼拝で司祭と一緒に祈りを捧げるのだ。

そしてこの日には家族が集まって昼食をとり、菓子を食べて祝うというのがイタリアの伝統的な習慣であり、それは現在も続いている。特に南イタリアは信仰心があつい人が多く、宗教行事をとても大切にするため、独自の盛大な祭りが数日にわたって開催される街も多い。

街の中心地には菓子、特産品、民芸品などの屋台が並び、集まった街の人々で埋め尽くされるほどの大賑わいとなり、そんな盛大な祭りを一目見ようと訪れる観光客の姿も。旅の目的の一つにするのもおすすめだ。

ところで聖人というと大昔の人だと思われがちだが、2014年にはローマ教皇ヨハネ・パウロ2世が、2016年にもマザー・テレサが聖人に制定されている。ヨハネ・パウロ2世のお気に入りだった、やわらかい生地にカスタードクリームをたっぷり挟み、アーモンドがちりばめられた菓子は「法王のケーキ」として親しまれていた。一方、マザー・テレサはというとチョコレートが大好きで、特別な日には貧しい人々に配っていたという。それぞれが愛した菓子が後世になって、こうした祝い菓子になる日がくるのかもしれない。

パレルモ近郊のペッレグリーノ山にある聖ロザリア聖堂。ロザリアの骨が見つかったとされる洞窟がある場所に聖堂が建てられた。

8月7日はシチリア島トラーパニの守護聖人、聖アルベルトの日。街は市民で賑わい、夜には花火も上がる。

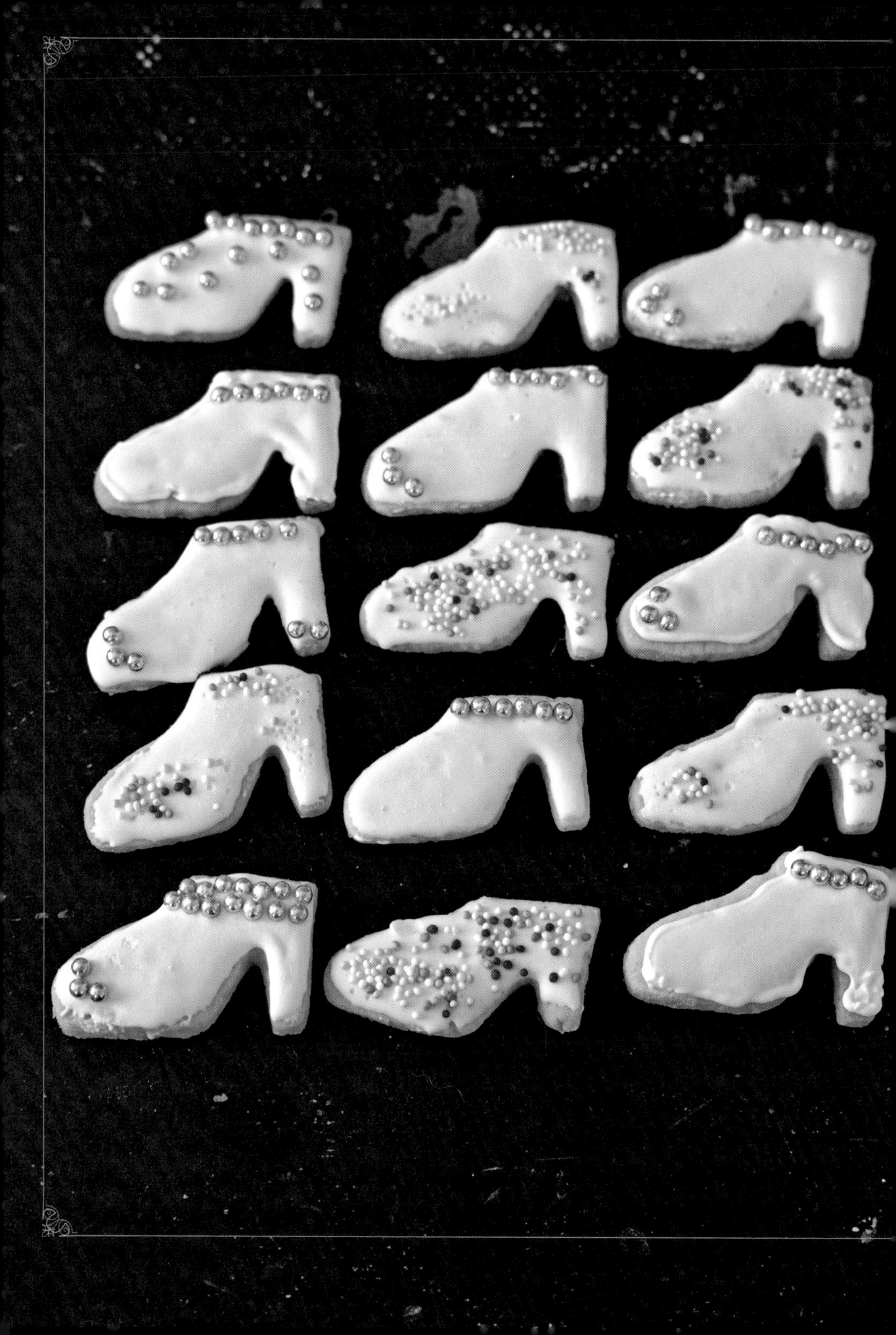

1/13

聖イラリオの日／エミリア・ロマーニャ州 パルマ

Scarpette di Sant'Ilario

聖イラリオの小さな靴

◎材料（5×3cmの靴のクッキー型／約70個分）

薄力粉 …… 250g
全卵 …… 1個
卵黄 …… 1個分
グラニュー糖 …… 125g
バター（常温に戻す）…… 75g
レモンの皮すりおろし …… 1/2個分
ベーキングパウダー …… 3g
塩 …… ひとつまみ
基本のグラッサ（p174）、
　カラースプレー、アラザン（飾り用）
　…… 各適量

◎作り方

1 ボウルにバターとグラニュー糖を入れ、泡立て器ですり混ぜる。全卵と卵黄を加え、さらに混ぜ合わせる。

2 飾り用以外の残りの材料を加えて混ぜ、手で一つにまとめ、ラップをして冷蔵庫で1時間休ませる。

3 軽く打ち粉をした台に出し、めん棒で5mm厚さにのばして型でぬき、オーブンシートを敷いた天板に並べる。160°Cに温めたオーブンで約12分焼く。

4 冷めたら表面にグラッサを塗り、カラースプレーやアラザンで飾る。

パルマに伝わる靴の形のクッキー

　エミリア・ロマーニャ州パルマの守護聖人である聖イラリオ。聖人となった詳しい理由はわかっていないが、市民の間に代々語り継がれてきた伝説がある。

　冬のとても寒い日、フランスから宗教上の理由で亡命してきた聖イラリオは、雪が降る中、すり減り壊れた靴を履いてパルマを歩いていた。それを見た靴職人が気の毒に思い一足の靴を贈ったところ、翌日、イラリオの履いていたボロボロの靴が金の靴に変わっていたという。後に聖イラリオはパルマの街の守護聖人となり、彼が殉教したといわれる1月13日には、小さな靴の形をしたビスコッティを作り祝う習慣ができた。街のパスティッチェリアやパニフィーチョには色とりどりのアイシングで飾られた小さな靴が並び、バールではエスプレッソと一緒に楽しまれている。

　4世紀に貴族の家庭に生まれた聖イラリオは、司教であり神学者、哲学者、作家でもあった。多くの本を残し、後世に大きな影響を与えた人物だったことにちなみ、パルマ市が1887年に芸術、科学、社会貢献など文化的に活躍した市民に与える「サンイラリオ賞」を設立。それ以来現在に至るまで、街の大聖堂では礼拝に加えクラシック音楽が奏でられ、博物館では特別な展示、劇場ではオペラが開催されるなど、文化的イベントが多く開催され、数日にわたり街をあげて盛り上がりを見せる。

カテゴリー：ビスコッティ　シチュエーション：家庭菓子、パスティッチェリア、パニフィーチョ、バール・レストラン　構成：薄力粉ベースのクッキー生地＋グラッサ

2/3

聖ビアージョの日／ロンバルディア州 カヴリアーナ

Torta di San Biagio

聖ビアージョのタルト

◎材料（16cmのタルト型／1台分）

サブレ生地
- 薄力粉 …… 100g
- バター（1cm角に切って冷やす）…… 20g
- グラニュー糖 …… 20g
- バニラパウダー …… 少量
- 白ワイン …… 35mℓ

リピエーノ
- 皮なしアーモンド …… 75g
- ビターチョコレート …… 25g
- グラニュー糖 …… 25g
- 卵 …… 1/2個
- レモンの皮すりおろし …… 1/4個分

◎作り方

1 サブレ生地を作る。ボウルに薄力粉と冷やしたバターを入れ、指先で手早くすり混ぜる。グラニュー糖とバニラパウダーを加えて軽く混ぜ、白ワインを加え、手でこねて一つにまとめてラップをし、冷蔵庫で1時間休ませる。

2 リピエーノを作る。アーモンドとチョコレートをフードプロセッサーで撹拌し、粗めに挽いてボウルに入れ、残りの材料を加えてヘラでよく混ぜる。

3 軽く打ち粉をした台に1を出し、めん棒で3mm厚さにのばす。バターを塗って薄力粉をはたいた（各分量外）型に敷き込み、2を入れて表面をならす。余った生地で約1cm幅の帯を数本作り、タルトを格子状に飾る。

4 溶き卵（分量外）を表面全体に塗り、160°Cに温めたオーブンで約30分焼く。

1500年代から伝わるアーモンドのタルト

ロンバルディア州の州都ミラノの東、ガルダ湖にほど近い、人口3700人の小さな街カヴリアーナ。ここでは450年も前から、守護聖人を祝うために作り続けられているタルトがある。カヴリアーナは、カプラ（山羊）に由来し、街の紋章にも山羊が施されるほど動物と関わりが深い街。この街で動物に慈悲深く、怪我や病気の治療をしていたビアージョが、カヴリアーナの守護神となった。

聖ビアージョの日に人々が作るのは、近辺で栽培されていたアーモンドと地元で醸造される白ワインを使ったタルトだ。白ワインでまとめたサクサクの生地とアーモンドたっぷりのリピエーノが香ばしいこのタルトは、15～16世紀に辺り一帯を支配していた僭主《せんしゅ》ゴンザーガ家にも気に入られ、晩餐会にも並ぶように。現在はカヴリアーナを含めマントヴァ県全域で作られるようになり、この地域の名物菓子として親しまれている。

カテゴリー：タルト・ケーキ　シチュエーション：家庭菓子、パスティッチェリア、バール・レストラン
構成：サブレ生地＋アーモンドベースのリピエーノ

4/23

聖ジョルジョの日／ロンバルディア州ミラノ

Pan meino

パン・メイーノ

◎**材料**（直径10cm／5個分）
とうもろこし粉 …… 100g
薄力粉 …… 65g
乾燥サンブーコ（右写真） …… 小さじ1
バター …… 50g
グラニュー糖 …… 50g
ビール酵母 …… 5g
卵 …… 1個
牛乳 …… 大さじ1
バニラパウダー …… 少量
塩 …… ひとつまみ
グラニュー糖、粉糖（仕上げ用）
…… 各適量

◎**作り方**

1 小鍋でバターを弱火で溶かし、そのまま冷ます。

2 牛乳は人肌くらいの温度に温める。ビール酵母を小さな容器に入れ、温めた牛乳を加え混ぜて溶かす。

3 ボウルに卵、グラニュー糖、2を入れて泡立て器でよくすり混ぜ、1、乾燥サンブーコ、塩を加えて軽く混ぜる。

4 別のボウルにとうもろこし粉、薄力粉を合わせてふるい入れ、3、バニラパウダーを加えてヘラで全体を混ぜ、手でなめらかになるまでこねる。温かい場所で約1時間休ませる。

5 5等分にして丸め、オーブンシートを敷いた天板に並べる。手の平で軽くつぶして直径8cmの円形にし、温かい場所で約1時間休ませる。

6 仕上げ用のグラニュー糖と粉糖をふるい、180℃に温めたオーブンで約20分焼く。

ミラノのとうもろこし粉パン

菓子名のメイーノはミラノの方言だがイタリア語で「miglio」、つまり粟の意味。現在はとうもろこし粉で作られるが、かつてはその名の通り、粟の粉で作られていた。

起源は1300年代、周辺地域に現れた山賊との戦いに勝った当時のミラノ領主が、勝利の祝いと兵士たちへの感謝の気持ちを込めるために農民たちに甘いパンを作らせた。その日はドラゴンを退治したことで知られる聖ジョルジョの日。そのことにちなみ、毎年この4月23日になると甘いパンで祝うようになったという。

生地に混ぜ込むサンブーコ（エルダーフラワー）は、かぐわしい香りが特徴の春の花。聖ジョルジョの日の頃に小さな白い花が咲き始めると、新物の乾燥サンブーコが作られるようになるそう。春の花の開花を祝うとともに、古物に別れを告げるべく、この菓子に使うようになったのではないだろうか。

カテゴリー：パン・発酵菓子　シチュエーション：家庭菓子、パスティッチェリア、パニフィーチョ
構成：発酵生地＋サンブーコ

6 / 29

聖ピエトロの日／シチリア州 パレルモ

Chiave di San Pietro

聖ピエトロの鍵

◎材料（3個分）

薄力粉 …… 100g
アーモンドパウダー …… 50g
バター（常温に戻す）…… 50g
卵黄 …… 1個分
ハチミツ …… 50g
基本のグラッサ（p174）…… 100g
カラースプレー、アラザン（飾り用）
…… 各適量

◎作り方

1 ボウルに薄力粉、アーモンドパウダーを入れて手で軽く混ぜる。中央にくぼみを作り、バター、卵黄、ハチミツを加えて手で混ぜ合わせ、一つにまとめ、冷蔵庫で1時間休ませる。

2 打ち粉をした台にのせてめん棒で1cm厚さにのばし、長さ約18cmの鍵の形に成形して3個作る。

3 オーブンシートを敷いた天板にのせ、170°Cに温めたオーブンで約15分焼く。冷めたら表面にグラッサを塗り、カラースプレー、アラザンを飾る。

天国の鍵の形のアーモンドビスコッティ

聖ピエトロのシンボルは、イエスから授けられた天国への鍵。バチカン市国のサン・ピエトロ大聖堂の正面にも、大きな鍵を持つ聖ピエトロの像が立っている。

キリストと出会う前は漁師だった聖ピエトロは、漁師の守護神である。シチリア島パレルモの港近くには漁師や魚屋が多く住む地区があり、彼らは「サン・ピエトラーニ」と呼ばれ、聖ピエトロを強く信仰している。6月28日、聖ピエトロの日の前日の夜になると界隈には色とりどりのイルミネーションが灯り、たくさんの軽食が準備され、ワインを片手にどんちゃん騒ぎが始まるのだ。1800年代半ばになると、聖ピエトロを象徴するものを作ろうと、聖ピエトロのシンボルである鍵を模した菓子が作られるようになった。1970年代にこの習慣は一度廃れるが、近年はパレルモ近郊のイゾラ・デッレ・フェンミナという小さな街では伝統を取り戻そうと、この日、3mほどの巨大な鍵の菓子が市民にふるまわれている。

カテゴリー：ビスコッティ　シチュエーション：家庭菓子、パスティッチェリア
構成：薄力粉＋アーモンドパウダー＋バター＋卵＋ハチミツ

Capitolo 2

修道院発祥のさまざまな菓子

中世におけるパスティッチェリアであった修道院。
貴族の晩餐会におけるデザートとして、
教皇や高位聖職者へのもてなしとして、
はたまたちょっとした厨房内でのアクシデントから……。
キリストを祝う目的以外にも、日常の中の
さまざまな理由やきっかけで生まれた菓子があった。

Maria Stuarda

マリア・ストゥアルダ

◎**材料**（直径7cmのフラワータルト型／10個分）

タルト生地

- 薄力粉 …… 250g
- ストゥルット …… 75g
- グラニュー糖 …… 75g
- 卵 …… 1/2個
- 牛乳 ……50mℓ
- バニラパウダー …… 少量
- アンモニアカ …… 4g

ズッカータ

（p168、粗みじん切り）…… 300g

ドレンチェリー（飾り用）…… 5個

◎**作り方**

1. タルト生地を作る。ボウルに牛乳以外の全ての材料を入れ、牛乳を少しずつ加えながら、なめらかになるまでこね、一つにまとめて常温で1時間休ませる。
2. 打ち粉をした台に出してめん棒で5mm厚さにのばし、直径10cmの丸型でぬいて10枚作る。バターを塗って粉をふった（各分量外）タルト型に敷きこみ、10等分にしたズッカータを広げ入れる。
3. 余った生地で約1cm幅の帯を作り、2に格子状に飾る。
4. 170℃に温めたオーブンで約20分焼く。冷めたら、中央に半分に切ったドレンチェリーを飾る。

イギリスとシチリアの文化が融合

スコットランド女王メアリー・スチュアートの名を冠したこのタルトは、シチリア島の州都パレルモの聖カテリーナ修道院生まれ。シチリアとイギリス、関わりがないようにも思えるが実は深い縁がある。1700年代後半、貿易がさかんで物資や資源が豊富だったシチリアに、それらを調達しに船で訪れていたイギリス人が、シチリア西部の街マルサラの地ワインを気に入り、そのままこの地で醸造を始める。それをきっかけに、遺跡発掘や修復に乗り出すなど、シチリアでのイギリス人の活動が増えていったという。

1800年代になり、パレルモを頻繁に訪れていたイギリスの大富豪ホイッタッカーがアフタヌーンティーで味わっていた「メアリー女王のタルト」からインスピレーションを受け、修道院で再現されたのがこのタルトである。元は生地の中にいろいろなフルーツの砂糖煮、レーズン、卵、バター、砂糖などの詰め物が入ったものだったが、シチリア風になると中に入るのは瓜で作られる砂糖煮（p168）で、タルト生地にはバターの代わりにストゥルットを使用。表面の飾りがないシンプルなイギリスのものに対し、シチリアはタルト生地で格子模様が施されている。これは修道院の鉄格子を意味しているのだろうか。

1980年代まではパレルモの街のパスティッチェリアにも並んでいたが、その後菓子技術が進化するにつれて他に多くの新しい菓子が誕生したため、このマリア・ストゥアルダは徐々に作られなくなっていく。技術の革新と伝統の保存、この相反する2つの共存は永遠のテーマなのだろう。

修道院名：聖カテリーナ修道院（p188）
エリア：シチリア州／パレルモ　カテゴリー：タルト・ケーキ　シチュエーション：家庭菓子
構成：タルト生地＋ズッカータ

Torta con ricotta e pere

リコッタと洋梨のタルト

◎材料（直径16cmのタルト型／1台分）

タルト生地
- 薄力粉 …… 150g
- バター（1cm角にして冷やす）…… 50g
- 卵黄 …… 1個分
- グラニュー糖 …… 50g
- アーモンドパウダー …… 25g
- リモンチェッロ …… 40mℓ

リピエーノ
- 洋梨（スライス）…… 1/2個（約125g）
- グラニュー糖 …… 20g
- 水 …… 小さじ2

基本のリコッタクリーム（p175）…… 180g

粉糖（仕上げ用）…… 適量

◎作り方

1 タルト生地を作る。ボウルに薄力粉と1cm角に切って冷やしたバターを入れ、手早く指先ですり混ぜる。全体がなじんだら残りの材料を加えて一つにまとめ、ラップをして冷蔵庫で2時間休ませる。

2 リピエーノを作る。フライパンにグラニュー糖と分量の水を入れて中火にかけ、茶色く色付いてきたらスライスした洋梨を入れ、カラメリゼして冷ます。

3 1の半量を、打ち粉をした台に出してめん棒で3mm厚さにのばし、バターを塗って薄力粉をはたいた（各分量外）型に敷き込む。リコッタクリームの半量を広げて2を並べ、残りのリコッタクリームを広げて平らにならす。残りの生地をめん棒で3mm厚さの円形にのばし、タルトの上にのせ、縁を手で押しながらしっかりとじる。

4 170°Cに温めたオーブンで約30分焼き、冷めたら粉糖をふる。

アマルフィ海岸で生まれたばかりの修道院菓子

修道院菓子というと、何百年も前から伝わる古いレシピというイメージが強いかもしれないが、現在でも時折、修道院で新しい菓子が生まれることもある。その一つがこの菓子である。

近年、風光明媚なリゾート地として知られるアマルフィ海岸で定番となったリコッタと洋梨のタルト。生まれたのはカーヴァ・デ・ティッレーニというアマルフィ海岸の入り口にある小さな街の聖フランチェスコ修道院だ。ここには修道院併設のパスティッチェリアがあった。発案者はフランチェスコ会の修道士ルイージ・ペトローネ。1989年頃から巡礼者のためにゼッポレ（揚げたシュー生地にクリームを絞ったナポリ菓子）を作り始め、少しずつ品数を増やして2016年、ついにパスティッチェリアを修道院内にオープン。とある年、バチカン市国の責任者が修道院に滞在した際にそのおいしさに感銘を受け、バチカン市国に献上するための菓子を2つ作ってほしいと依頼。その際に生まれたのがこのタルトだった。

パスティッチェリアのショーケースにはたくさんの修道院菓子が並び、一般の人も自由に買い物を楽しめた。しかし、修道士でありながら営利活動も行うことに対して波紋を呼び、一旦は閉店することに。その後、友人の助けもあって修道院から少し離れた街の郊外に移転し、普通のパスティッチェリアとして再出発することとなった。

とはいえ店の収益は、増加する貧しい人々への食事にあてられるという。ルイージ司祭には反対勢力に負けず信念を守り続け、たくさんの人を救ってほしいと願うばかりだ。

修道院名：聖フランチェスコ修道院
エリア：カンパーニャ州 / カーヴァ・デ・ティッレーニ　カテゴリー：タルト・ケーキ　シチュエーション：家庭菓子、パスティッチェリア　構成：アーモンドパウダー入りのタルト生地＋リコッタベースのリピエーノ＋洋梨

Torta pazientina

トルタ・パツィエンティーナ

ペスト患者を元気にするケーキ

ヴェネト州パドヴァの伝統菓子トルタ・パツィエンティーナは、ペストが流行していた1600年代にフランチェスコ会の修道士によって生み出された。修道院は創成期から薬草学に長けていて、人々の療養所にあたる病院のような役割を果たしていたのだが、どうやらこの菓子は体が弱ったペスト患者に栄養を付けさせるために生まれたらしい。その名前はイタリア語で「患者」を意味する「paziente (パツィエンテ)」に由来する。

パドヴァの街でパツィエンティーナと名の付く菓子を見て回ってみる。するとパッと見た感じは同じ菓子とは思えないほど風貌が異なるのだが、共通点はというとチョコレートが上にのり、切ると生地やクリームが何層にも重なっていることだ。そしてレシピを調べてみると、見た目以上に複雑で驚く。基本の構造は、アーモンドベースの生地 (パスタ・ブレッシャーナ)、とうもろこし粉ベースの生地 (ポレンティーナ・ディ・チッタデッラ)、ザバイオーネクリームを重ね、上にチョコレートをのせるというもの。ザバイオーネといえば、卵黄、砂糖、マルサラワインを温めながら攪拌して作る温かいクリームで、イタリアでは風邪をひいた時に体を温めるために食べるピエモンテの伝統菓子である。とうもろこし粉やアーモンドも栄養価が高いことを考えると、病人のために生まれた説はストンと腑に落ちる。

しかし、「我慢」という意味の「pazienza (パツィエンツァ)」から名が付いた説もある。生地を2種類作らなければならないし、ザバイオーネも気長に攪拌しなければならず、確かに忍耐力も必要だろう。そう考えると、こちらの説も捨てがたい。

当時、パドヴァには10を超えるいろいろな宗派の修道院があったといい、この菓子と同名の修道院生まれのビスコッティも存在していた。アーモンド、ヘーゼルナッツ、バター、砂糖、卵からなる小さなビスコッティは、これまた栄養価が高く、そう考えるとやはりペスト患者を元気付けるために作られた菓子なのかもしれない……。

考えてみれば、おなじみティラミスもザバイオーネがヒントとなったヴェネト出身の菓子で、その名前は意訳すれば「私を元気にして！」。どこかトルタ・パツィエンティーナの由来を彷彿させるものがある。もしかしてティラミスは、この菓子からインスピレーションを受けたのだろうか？

「甘いもので病人に栄養を」とは、まだ砂糖が貴重であった時代、いかにも修道院らしい発想だ。そして病を罹う患者たちはきっと、この菓子に一筋の光を感じたのであろう。

薄くのばしたチョコレートがこんもりとのった、パドヴァのパスティッチェリアのトルタ・パツィエンティーナ。

修道院名：不明
エリア：ヴェネト州/パドヴァ　カテゴリー：タルト・ケーキ　シチュエーション：家庭菓子、パスティッチェリア、バール・レストラン　構成：とうもろこし粉生地＋アーモンド生地＋ザバイオーネクリーム＋チョコレート

Torta pazientina トルタ・パツィエンティーナ

◎材料（直径12cmの丸型／1台分）

とうもろこし粉生地

- 卵黄 …… 1個分
- グラニュー糖 …… 30g
- A
  - 薄力粉 …… 10g
  - 片栗粉 …… 15g
  - とうもろこし粉 …… 10g
  - ベーキングパウダー …… 1g
- 卵白 …… 1個分
- 塩 …… ひとつまみ

アーモンド生地

- バター（常温に戻す）…… 60g
- グラニュー糖 …… 60g
- アーモンドパウダー …… 60g
- 薄力粉 …… 40g
- 卵白 …… 1個分

ザバイオーネクリーム

- 卵黄 …… 2個分
- グラニュー糖 …… 30g
- マルサラ酒 …… 100mℓ
- 薄力粉 …… 5g

シロップ

- グラニュー糖 …… 10mℓ
- 水 …… 20mℓ
- ラム酒 …… 5mℓ

ビターチョコレート（飾り用）…… 30g

◎作り方

〈とうもろこし粉生地を作る〉

1 ボウルに卵黄とグラニュー糖を入れて泡立て器で白っぽくなるまで混ぜ、合わせたAを加えてヘラで混ぜ合わせる。

2 別のボウルに卵白と塩を入れて泡立て器で8分立てにし、1のボウルに2回に分けて加えながら、その都度ヘラでさっくり混ぜる。

3 直径12cmの丸型にバターを塗って薄力粉をはたいて（各分量外）生地を流し入れ、170℃に温めたオーブンで約20分焼く。冷めたら1cm厚さにスライスする。余った生地は冷凍保存可能。

〈アーモンド生地を作る〉

4 ボウルにバターとグラニュー糖を入れて泡立て器ですり混ぜ、アーモンドパウダーと薄力粉を加え、ヘラですり混ぜる。8分立てにした卵白を加え、手で一つにまとめる。

5 オーブンシートを敷いた天板にのせて約5mm厚さにヘラでならし、170℃に温めたオーブンで約15分焼く。冷めたら直径12cmのセルクルで2枚ぬく。

〈ザバイオーネクリームを作る〉

6 鍋に卵黄とグラニュー糖を入れて泡立て器で白っぽくなるまで混ぜ、薄力粉を加えて混ぜ合わせる。

7 弱火にかけ、マルサラ酒を少しずつ加えながら、泡立て器で空気を含ませながら混ぜる。鍋底から気泡が上がり、とろみがついてきたらバットに移し、ラップをクリームにぴったり張ってそのまま冷ます。

〈成形する〉

8 シロップを作る。小鍋に分量の水とグラニュー糖を入れ、弱火でグラニュー糖を溶かす。火からおろし、冷めたらラム酒を加える。

9 3のとうもろこし粉生地の両面に、刷毛でシロップを塗る。

10 セルクルにアーモンド生地1枚、ザバイオーネクリームの半量、とうもろこし粉生地、残りのザバイオーネクリーム、アーモンド生地の順に重ねる。

11 細かく刻んだチョコレートを散らし、冷蔵庫で2時間休ませ、セルクルから外す。

Torta di pane vecchio del monastero Trapista トラピスト会のパンのケーキ

◎ **材料**（直径15cmの丸型／1台分）
パンの白い部分 …… 150g
牛乳 …… 100mℓ
溶かしバター …… 大さじ2
グラニュー糖 …… 大さじ1
卵 …… 1個
干しブドウ …… 40g
松の実 …… 10g
バター、パングラッタート …… 各適量

◎ **作り方**

1 人肌に温めた牛乳にパンをちぎり入れ、染みこませる。グラニュー糖、溶かしバター、卵とともに、フードプロセッサーでなめらかになるまで攪拌し、ボウルにあける。干しブドウを加えてヘラでよく混ぜる。

2 バターを塗ってパングラッタートをふった型に1を入れて平らにならし、松の実を散らす。

3 150°Cに温めたオーブンで約45分焼く。

残ったパンで作る素朴なケーキ

慎ましい生活をしながら祈りを捧げるために生まれた修道院だったが、中世後期に入るといつしか教会に富が集中し、修道院も堕落していく。それを戒めるべくして1098年に生まれたシトー会の流れを汲む厳律シトー会が、現在のトラピスト会だ。残り物のパンをおいしく生まれ変わらせるべく工夫を凝らして作られたというこのパンのケーキは、中世に多かったスパイスやカカオをたっぷり使ったリッチな菓子とは違い、とても素朴で優しい風味が魅力。トラピスト修道院では、現在はオリーブオイル、コスメ、リキュールなどを販売するネットショップも運営中である。

修道院名：トラピスト修道院（p188）
エリア：トスカーナ州 / ピサ　カテゴリー：タルト・ケーキ　シチュエーション：家庭菓子
構成：パン＋牛乳＋バター＋砂糖＋干しブドウ＋松の実

Panmelato

パンメラート

◎**材料**（直径6×高さ2.5cmのプリンカップ／4個分）

パンの白い部分 …… 70g
赤ワイン …… 100mℓ
モストコット …… 50mℓ
ハチミツ …… 30g
オレンジの皮すりおろし …… 1/2個分
チョウジパウダー …… 小さじ1/4
シナモンパウダー …… 小さじ1/2
コショウ、ナツメグ …… 各ひとつまみ
仕上げ用
　ハチミツ …… 20g
　チョウジパウダー、シナモンパウダー、
　　コショウ、ナツメグ …… 各少量

◎**作り方**

1 パンを1cm角に切って赤ワインに約30分浸けてパンの中までしっかりワインを染みこませ、軽く絞る。

2 鍋にハチミツとモストコットを入れて弱火にかけ、温まったら1と、仕上げ用以外の残りの材料を加えてヘラで混ぜながら、ペースト状になるまで約5分煮る。

3 4等分にして、バターを塗って薄力粉をはたいた（各分量外）型に流し入れ、170℃に温めたオーブンで約15分焼く。冷めたら型から出して皿に盛る。

4 仕上げ用の全ての材料を小鍋に入れ、弱火にかけてスプーンでかき混ぜ、ハチミツが溶けたら3にかける。

パンペパートの父でありパンフォルテの祖父

中世の頃、修道院生まれのレシピの多くは長い間修道院の中だけで言い伝えられてきた。時代は流れ中世後期になると、それを文書に残そうとする動きが出てくる。そんな中、16世紀のペルージャ・聖トンマーゾ修道院にて、1500年代後半に作られていた170のレシピが修道女のマリア・ヴィットリア・デッラ・ヴェルデによって一冊の本としてまとめられ、その一つにパンメラートがあった。

名前はパンにたっぷりのハチミツが絡められた（イタリア語で「melato＝メラート」）ことに由来。スパイスがイタリアに入る9世紀頃までは、水と小麦粉を練ったシンプルなパンにハチミツと果物を加えて風味付けしたものをパンメラートと呼んだ。その後、ペルージャにコショウやシナモンなどのスパイスが伝わる13世紀になると、パンメラートにもスパイスや赤ワインなどが使われるように。当時希少だったスパイスを使ったこの菓子は、聖職者や貴族の間で大人気となった。

このパンメラート、現在でも人気のシエナの郷土菓子パンフォルテの原型だという記述を発見。パンペパート（p69）の解説の中で「パンフォルテの祖先はパンペパート」だと記したが、そうなるとこの菓子はパンペパートの祖先というべきであろうか。10世紀より前に作られていた、ハチミツと果物が入ったシンプルなパンメラートに、13世紀になりスパイスと赤ワインが加わり、後にさらに改良されてパンペパートと呼称も変わり、19世紀になってそれがさらに進化してパンフォルテと呼ばれるようになり、現在に至るのである。菓子一つで中世から現在までの時空の旅ができるという奥深さに、またしても驚くのであった。

現在このレシピ集の原書は、ペルージャのベアタ・コロンバ修道院に保管されている。近年書籍化もされたが版数が少なかったのか、古本が高価で取引されている。いつか入手して、170のレシピを再現してみたいものだ。

修道院名：聖トンマーゾ修道院
エリア：ウンブリア州／ペルージャ　カテゴリー：スプーン菓子　シチュエーション：現在は作られていない
構成：パン＋赤ワイン＋モストコット＋ハチミツ＋オレンジの皮＋スパイス類

Ripieni

リピエーニ

◎材料（8個分）

パンメラートの生地（p107の工程1〜2）
…… 120g

A
- 薄力粉 …… 100g
- ハチミツ …… 60g
- クルミ（みじん切り）…… 15g
- オリーブオイル …… 大さじ1
- シナモンパウダー …… ひとつまみ

◎作り方

1 鍋にハチミツとオリーブオイルを入れて火にかけ、温まったらAの残りの材料を加えて弱火にし、ヘラで混ぜながらひとかたまりにする。

2 打ち粉をした台に出してめん棒で1mm厚さにのばし、直径7cmの丸型でぬいて8枚作る。冷めると硬くなるので手早く行うこと。

3 8等分にしたパンメラートの生地を2に置き、半分に折りたたんで縁を指で軽くとじる。

4 160°Cに温めたオーブンで約15分、軽く色付くまで焼く。

パンメラートのリメイク菓子

前項のパンメラートを調べている最中に見つけたのが、このパンメラートを使ったレシピ。しかし資料はほとんど見つからず、詳細はわからない。想像するに、余ったパンメラートを使ってさらにおいしくしようとして、できたのだろうか。

リピエーニは「詰め物」という意味で、薄力粉とハチミツをベースに作った生地にクルミを加え薄くのばし、パンメラートの生地をのせて半月形にとじて焼く。

見た目はシンプル極まりなく素朴で質素な菓子に見えるが、スパイスたっぷりのパンメラート自体が贅沢なものであり、さらに当時は祝い菓子に使う貴重な木の実とハチミツでできているところを考えると、その見た目とは逆に贅沢な菓子であったのだろう。

16世紀に170のレシピを書き残したマリア・ヴィットリア・デッラ・ヴェルデは、1575年に姉妹のデルフィーナ、オルテンシアとともに19歳で聖トンマーゾ修道院に入り、生涯を閉じる1622年までの47年間を修道院で過ごした。当時の修道院は女性が料理のスキルをアップさせる場所の一つでもあり、多くの新しいレシピが生まれる場でもあった。とはいえ書き残されたレシピは、分量はほとんど記載されておらず、作り方の説明も決して丁寧だったとはいえない。そのため現在に残ったものもある一方でほとんど作られなくなったものも多く、リピエーニは後者の一つであろう。彼女が書き残した文書はレシピだけでなく日常生活の記録もあり、今ではかつての修道院の生活を知るための貴重な資料となっている。

当時、修道院に入る理由はさまざまであったが、長い人生のほとんどを閉ざされた修道院で祈りを捧げながら過ごした彼女たちの一生が、充実したものであったのと同時に、幸せであったことを願うばかりである。

修道院名：聖トンマーゾ修道院
エリア：ウンブリア州 / ペルージャ　カテゴリー：ビスコッティ　シチュエーション：現在は作られていない
構成：薄力粉ベースの生地＋パンメラート

Torta bastarda

トルタ・バスタルダ

◎材料（直径12cmの丸型／1台分）

卵 …… 1個

ハチミツ …… 40g

A

- アーモンドパウダー …… 15g
- リコッタ …… 70g
- オレンジの砂糖煮（粗みじん切り）…… 15g

コーンスターチ …… 50g

シナモンパウダー、粉糖（仕上げ用）…… 各適量

ローズウォーター …… 適量

◎作り方

1 鍋にハチミツを入れて弱火で温め、Aを加えてヘラでよく混ぜ合わせる。

2 人肌に温まったら火からおろし、溶いた卵とコーンスターチを加え、泡立て器でよく混ぜ合わせる。

3 バターを塗って薄力粉をはたいた（各分量外）型に2を流し込み、170℃に温めたオーブンで約25分焼く。

4 冷めたら型から出してシナモンパウダーと粉糖をふり、食べる前にローズウォーターを軽くふる。

ドミニコ会のローズウォーターを使ったケーキ

パンメラート（p107）同様、レシピは1500年代後半の修道院菓子についてまとめられた本に載っていたもの。「bastarda」は「嫌なやつ」とか「雑種」という、修道院のレシピに使うにはどうも行儀のよくない言葉なのだが、おそらく「食べ始めたら止まらずに困ってしまう」などの意味から名付けられたのであろう。

ローズウォーターは、フィレンツェのドミニコ修道会の小さな修道院で司祭たちを癒やすために作られたのが始まり。修道院では自ら栽培したハーブや花を使い、軟膏、薬剤、鎮痛剤などを調合していたのだが、中でもローズウォーターは消毒効果があるとされ、ペストが大流行した時には室内の消毒にも使われていた。また、ワインを薄めたり、薬を飲む際の水代わりとしても使われていたとか。このトルタ・バスタルダの発祥地である聖トンマーゾ修道院は、シトー会修道院として1272年に誕生したのだが、1500年代半ばにドミニコ会修道院となった。これらを考えると、ローズウォーターが使われていたこのレシピは、ドミニコ会修道院時代に誕生したものだろう。

レシピに使っているリコッタは、先述の本には「フレッシュチーズ」と記され、使用する型については「ディオニジア修道女の型」としか書かれておらず、それがどのようなものかは不明だ。残されたレシピからはおそらくしっかりと甘いプリンのようなこの菓子だということだけは想像されるが、後世にはその姿形は伝わらなかったため、もはや正解はわからない。とはいえ当時の風景を想像しながら作るのは、これもまた楽しいものである。

フィレンツェにあるドミニコ会の修道院、サンタ・マリア・ノヴェッラの薬局では現在もローズウォーターが販売されている（詳細はp147）。

修道院名：聖トンマーゾ修道院

エリア：ウンブリア州／ペルージャ　カテゴリー：タルト・ケーキ　シチュエーション：現在は作られていない

構成：卵＋ハチミツ＋アーモンドパウダー＋フレッシュチーズ＋コーンスターチ＋オレンジの砂糖煮＋ローズウォーター

A

B

Mostaccioli

モスタッチョーリ

A〈アッシジ〉

◎材料（約35個分）
薄力粉 …… 150g
アーモンドパウダー …… 100g
ハチミツ …… 65g
グラニュー糖 …… 75g
卵白 …… 1個分
モストコット …… 15mℓ
シナモンパウダー、ココアパウダー …… 各小さじ1
コショウ …… ひとつまみ

◎作り方
1 ボウルに全ての材料を入れて一つにまとめる。まとまらない場合はぬるま湯を少量（分量外）加えるとよい。冷蔵庫で1時間休ませる。
2 軽く打ち粉をした台に出し、めん棒で1cm厚さにのばす。約4cm四方のひし形に切り、オーブンシートを敷いた天板に並べる。160°Cに温めたオーブンで13〜15分焼く。

B〈カラブリア〉

◎材料（約6個分）
薄力粉 …… 140g
ハチミツ …… 100g
モストコット …… 15mℓ
シナモンパウダー …… 小さじ1/2

◎作り方
1 ボウルに全ての材料を入れてこね、一つにまとめる。ラップをして冷蔵庫で一晩休ませ、生地がやわらかいようなら薄力粉を適宜足す。
2 打ち粉をした台に出してめん棒で5mm厚さにのばし、魚や蛇の形にナイフで切り、ナイフや波型カッターで模様を入れる。
3 170°Cに温めたオーブンで10〜12分焼く。

細かい模様が施されたカラブリアのモスタッチョーリ。魚はキリストの象徴、蛇は邪悪と再生、聖ジュゼッペはキリストの父で家族の繁栄を意味する。

イタリア各地に存在するモストを使ったビスコッティ

イタリア各地に点在する「モスタッチョーリ」という名のビスコッティ。見た目もレシピもさまざまだが、共通点はモスト（ブドウ果汁）を使うことで、名前の由来でもある。中でも知られるのはウンブリア州のアッシジ修道院のもの。聖フランチェスコの親友だったローマの貴族ジャコパが作ったもので、聖フランチェスコが病床で「最期にもう一度食べたい」と言うほど好んだとか。ジャコパは在俗のまま悔悛《かいしゅん》生活を送る在俗フランチェスコ会に属して生涯にわたり聖フランチェスコを助け、この菓子も受け継がれていく。

カラブリア州のセッラ・サン・ブルーノのカルトジオ会発祥のモスタッチョーリは、後にソリアーノ・カラブロのドミニコ会の修道院で受け継がれている。魚、雄鶏、聖人などの聖書に登場する人物や動物がモチーフとなっていて、ドミニコ会からやがて地元の菓子職人に受け継がれた技術は、今でも街のパスティッチェリアで見ることができる。

他にもカンパーニャ、シチリア、トスカーナなど各地で見かけるモスタッチョーリ。旅の途中で食べ比べてみるのも楽しそうだ。

カテゴリー：ビスコッティ　シチュエーション：家庭菓子、パスティッチェリア、パニフィーチョ
A〈アッシジ〉　修道院名：アッシジ修道院　エリア：ウンブリア州 / アッシジ
構成：薄力粉＋アーモンドパウダー＋砂糖＋ココア＋モストコット＋ハチミツ＋卵
B〈カラブリア〉　修道院名：カルトジオ修道院　エリア：カラブリア州 / セッラ・サン・ブルーノ
構成：薄力粉＋ハチミツ＋モストコット＋スパイス

Brigidini

ブリジディーニ

◎材料（約30枚分）

薄力粉 …… 120g
卵 …… 1個
グラニュー糖…… 60g
アニスシード…… 10g
塩 …… ひとつまみ

◎作り方

1 ボウルに卵、グラニュー糖を入れ、泡立て器で軽く混ぜる。薄力粉、アニスシード、塩を加えてヘラで混ぜてから、手でひとまとまりにする。

2 打ち粉をした台に出し、直径2cmのひも状にして2cm幅に切る。

3 両面を温めたピアストラに生地をのせ、両面をこんがりと焼く。温かいうちに手で端を2つに折ったり寄せたりして、好みに成形する。

神聖なオスティアが原点の屋台菓子

トスカーナ地方の祭りに行くと屋台で必ずと言っていいほどよく見かけるブリジディーニ。パリパリと薄いアニス風味のビスコッティで、屋台では赤い文字がポップな袋で売られる駄菓子のような存在だが、原型は小さな村の修道院で作られる神聖なオスティア（p117）だった。

トスカーナ州ピストイアにある小さな村ランポレッキオにある聖ブリジダ修道院では、その周辺にある教会や修道院で必要とされる大量のオスティアを作っていたのだが、ある日、他の菓子で使ったアニスシードが残り、捨てるのがもったいないからとオスティアの生地に混ぜて焼いたのが始まりだという。17〜18世紀の話である。その後、ミサ用だけでなく、一般市民用にハチミツ入りの甘いオスティアも作られるように。19世紀になると砂糖がハチミツにとって代わり、さらに卵が加わることで風味が一層よくなる。小さな村の修道院で始まったこのビスコッティは、こうしてトスカーナ全域に広がっていった。

ブリジディーニは、平たく丸い円盤状の鋳物が2枚重なった型（ピアストラ）で作る。両面を直火で熱したら、生地を型の片面にのせ、もう片面をとじて上からギュッと生地を押さえて焼く。それをヘラではがす時に、曲がったり丸まったりするので、このような独自の形となる。

オスティアが原型の菓子はブリジディーニの他、聖ルチアのチャルデ（p85）、オスティエ・リピエーネ（p117）などイタリア各地に多くある。修道院では当時高価だった砂糖を入手することができたため、神への捧げ物、という口実でオスティアを原型としたさまざまな菓子が生まれたのであろう。

現在では完全に機械製造化されており、トスカーナの祭りに行くと、大きな機械で作られたブリジディーニが鉄のヘラのようなものではがされて台に1枚1枚出てくる様子を見ることができる。もしも見かけることがあったら、修道院とは対照的な世俗感たっぷりの現在の姿のギャップを楽しんでいただきたい。

修道院名：聖ブリジダ修道院
エリア：トスカーナ州 / ランポレッキオ　カテゴリー：ビスコッティ　シチュエーション：家庭菓子、パスティッチェリア、パニフィーチョ　構成：薄力粉＋卵＋砂糖＋アニスシード

Ostie ripiene

オスティエ・リピエーネ

◎材料（直径8cmのオスティア型／8個分）

オスティア
- 薄力粉 …… 60g
- 水 …… 90～100mℓ

皮付きアーモンド …… 100g
ハチミツ …… 100g
グラニュー糖 …… 20g
シナモンパウダー、チョウジパウダー …… 各小さじ1/8

＊写真は市販のオスティアを使用

◎作り方

1. オスティアを作る。薄力粉をボウルに入れ、分量の水を少しずつ加えながら泡立て器で混ぜ、天ぷらの衣くらいの硬さにする。
2. 型を熱してオリーブオイル（分量外）を塗り、1を小さじ1流し入れてふたをとじ、両面を弱火で焼き色が付かないくらいに焼いて16枚作る。
3. アーモンドは、180℃に温めたオーブンで約10分ローストする。
4. 鍋にハチミツとグラニュー糖を入れて弱火にかけ、グラニュー糖が溶けたら3、シナモンパウダー、チョウジパウダーを加え、ヘラでかき混ぜながら少し煮詰める。
5. 熱いうちにオスティアの半量に4をのせ、残りのオスティアをかぶせる。上にまな板などで重しをして密着させながら冷ます。

聖天使の街で偶然に生まれた伝統菓子

「聖天使の山」という意味のモンテ・サンタンジェロはプーリア州北部、ガルガーノ山の標高800m地点にある街。大天使ミカエルが近郊の洞窟に何度となく姿を現したという。日本ではほとんど知られることのない一方で、キリスト教徒の重要な巡礼地の一つである。この街の郊外にある聖トリニタ修道院で、この菓子は生まれた。

修道院菓子はアクシデントから生まれたものも多いが、オスティエ・リピエーネもその一つ。1600年代のこと、修道女がミサで使うためのオスティア＊を作りながら別の菓子を作っていた時、ハチミツを煮ていた鍋にアーモンドが落ちてしまう。それを取り出して近くにあった2枚のオスティアの上にアーモンドをのせたところ、引っ付いて取れなくなってしまった、というのがこの菓子の始まりだとか。非現実的な言い伝えが多い中、これはいかにも起こりそうで、修道女の焦った姿が目に浮かぶようだ。その後、評判となり近隣の修道院でも作られるようになり、現在ではこの地方に伝わる伝統菓子となった。

そもそもオスティアとは小麦粉と水で作られた薄いパンで、キリストの聖体とされるもの。キリスト教のミサに参加したことがある人なら、ミサの最後に信者が列をなして司祭から何かを口に入れてもらっている光景を見たこともあるだろう。あれがオスティアで、キリストを体内に迎えることで、結びつきを強め信仰を深めるというものである。

聖トリニタ修道院があるガルガーノ山は海にほど近く、近隣では美しい海を楽しむことができる密かなリゾート地だ。私もいつか夏のバカンスで訪れ、モンテ・サンタンジェロで本場のオスティエ・リピエーネを頬張りながら街を散策してみたい。

＊菓子名のオスティエは複数形

修道院名：聖トリニタ修道院（p189）
エリア：プーリア州／モンテ・サンタンジェロ　カテゴリー：アーモンド菓子　シチュエーション：家庭菓子、パスティッチェリア　構成：オスティア＋アーモンド＋ハチミツ

Biscotti di Monreale

モンレアーレのビスコッティ

◎材料（12個分）
薄力粉 …… 250g
卵黄 …… 1/4個分
牛乳 …… 80mℓ
グラニュー糖 …… 50g
ストゥルット …… 50g
アンモニアカ …… 3g
基本のグラッサ（p174）…… 30g

◎作り方

1 牛乳とグラッサ以外の材料をボウルに入れ、ストゥルットと他の材料を指ですり合わせてなじませる。牛乳を少しずつ加えながらなめらかになるまでこね、ひとまとまりにしてラップをし、冷蔵庫で1時間休ませる。

2 12等分にして長さ約12cmのひも状にし、S字形に成形して手で軽くつぶし、オーブンシートを敷いた天板に並べる。

3 200°Cに温めたオーブンで約15分、焼き色が付くまで焼き、上下を返して2〜3分しっかりと焼く。

4 グラッサをスプーンで垂らしながら模様をつけ、乾かす。

王様の街で生まれたS字形のビスコッティ

シチリアの州都パレルモ近郊、小高い丘の上にある街モンレアーレ。名前は「王の山」を意味し、12世紀にシチリアを支配していたノルマン王朝の王の命によってつくられた街だ。このモンレアーレのビスコッティが作られるようになったのは、15世紀のスペイン王国支配下に入ってからのこと。司祭ジョバンニ・ボルジアによって建てられた聖カストレンセ修道院は当時多くの貴族の子女が過ごしていたことから莫大な寄付金を受け、資金が潤沢にあった。さらに修道院内には大きな薬局があり街の文化や経済の中心となっていたことから、豊穣祭や宗教的な祭りの運営も担っていたという。そうした祭りのために作った多くの菓子の一つが、このビスコッティである。卵黄のみの生地の両面をしっかり焼きこんでグラッサで飾ったビスコッティは街でも評判となり、祭りの時だけでなく年中作られる定番菓子となった。

1900年代に入ると宗教弾圧により聖カストレンセ修道院は衰退。隣接する教会だけが残り、修道院としての機能は失われたが、ビスコッティだけは街の専門店が、従業員の親戚だった修道女からレシピを引き継いで作り続けてきた。現在はモンレアーレだけでなく、パレルモの街の定番となっている。

ちなみにこの修道院をつくったジョバンニ・ボルジアはソスピーリ（p137）に登場するルクレツィア・ボルジアの兄にあたる。修道院菓子をたどっていくと、このように時折、同時代に生きていた親戚に出くわすのが面白い。

街の中心には祭壇一面に施されたアラブ＝ノルマン様式のモザイクが美しい大聖堂があり、その隣にはベネディクト会の修道院を併設。聖カストレンセ修道院はもう見ることはできないが、世界遺産である大聖堂と修道院は、シチリアを訪れたら必見だ。

世界遺産に指定されているモンレアーレ大聖堂に併設する修道院の回廊。柱1本1本に装飾されたモザイクが美しい。

修道院名：聖カストレンセ修道院（p189）
エリア：シチリア州 / モンレアーレ　カテゴリー：ビスコッティ　シチュエーション：家庭菓子、パスティッチェリア、パニフィーチョ　構成：薄力粉＋砂糖＋卵黄＋牛乳＋ストゥルット＋グラッサ

Facciuna di Santa Chiara

聖キアラのファッチューナ

◎材料（約20個分）

生地

- 皮なしアーモンド …… 125g
- グラニュー糖 …… 85g
- 薄力粉 …… 85g
- 牛乳 …… 65mℓ
- コーンスターチ …… 15g
- ココアパウダー …… 15g
- ハチミツ …… 小さじ1
- ベーキングパウダー …… 4g
- オレンジの皮（粗みじん切り）…… 20g
- シナモンパウダー、チョウジパウダー …… 各小さじ1/2

基本のグラッサ（p174）…… 150g
食用色素（赤）…… 少量
ビターチョコレート（飾り用）…… 適量

◎作り方

1 アーモンドは180°Cに温めたオーブンで約10分ローストし、冷めたらフードプロセッサーで粉状にしてボウルに入れ、牛乳以外の生地の材料を加える。

2 牛乳を少しずつ加えながらこねて材料が均一になるように手で混ぜ、生地を一つにまとめる。

3 直径3cmのボール状に丸めてオーブンシートを敷いた天板に並べ、180°Cに温めたオーブンで約10分焼き、冷ます。

4 グラッサの半量に赤の色素を少量入れ、ピンクに色付ける。

5 3の半量はピンクのグラッサで、残りは白いグラッサで表面全体を覆い、半日置いて乾かす。白いグラッサの方は湯せんで溶かしたビターチョコレートで、ピンクのグラッサの方は白いグラッサでうずまきを描いて飾る。

バロックの街で味わえる天使の顔の小さな菓子

シチリア南東部にあるノートのメインストリートは、一本道の両側にバロック建築がひしめき合うが、一角にある聖キアラ修道院の2階のバルコニーからは、そのバロックの街並みを一望することができる。そして、修道院から歩いてすぐの場所にあるパスティッチェリア「カッフェ・シチリア」には、この修道院に伝わる菓子が並ぶ。私が聖キアラのファッチューナに初めて出合ったのも、このパスティッチェリアを訪れた時だった。

薄ピンクのグラッサに白のグラッサで描かれたぐるぐる模様が可愛らしいファッチューナは、シチリア弁で「小さな顔」という意味。聖キアラの顔を指しているかと思いきや、天使の小さな顔を表現しているらしい。かつてこの菓子を包んでいた包装紙には、そんな天使の顔が描いてあったという。ファッチューナが作られ始めたのは1700年代のことだが、この時代にシチリアで生まれた菓子の多くは、修道院を運営する経費を捻出するためのもので、この菓子もその一つだった。

カッフェ・シチリアは1892年創業と、シチリアでも最も古いパスティッチェリアの一つ。古くから修道院の伝統菓子を作り続けてきた。現在は、オーナーであり菓子職人のコラード・アッセンツァ氏によるクリエイティブな創作菓子も並び、ノートを訪れた際には新旧両方の菓子を味わうのが楽しみである。

現在の聖キアラ修道院はノート市立博物館として一般公開され、改装された内部には修道院の面影を見ることはできないが、ノート近隣で発掘された遺跡や絵画が展示されている。世界遺産にも登録されるノートのバロックの街並みを眺めながら修道院菓子を頬張れば、昔の気分を味わえるかもしれない。

修道院名：聖キアラ修道院（p188）
エリア：シチリア州／ノート　カテゴリー：ビスコッティ　シチュエーション：家庭菓子、パスティッチェリア
構成：アーモンドベースの生地＋グラッサ

Biscotti ricci　ビスコッティ・リッチ

◎材料（約14個分）
アーモンドパウダー …… 100g
グラニュー糖 …… 100g
卵 …… 1個
レモンの皮すりおろし …… 1/4個分

◎作り方

1 ボウルに全ての材料を入れて混ぜ、軽くこねて一つにまとめる。
2 直径2cmのギザギザの口金を付けた絞り袋に1を入れ、オーブンシートを敷いた天板に6cm長さに絞り出す。
3 グラニュー糖（分量外）をふり、180°Cに温めたオーブンで約7分、表面が軽く色付くまで焼く。

イタリア統一を描いた名画にも登場

シチリア南西部の小さな街の修道院に伝わるアーモンドのビスコッティ。1600年代当時、名門貴族であったサント公爵を迎えるために作られたものだとか。ジュゼッペ・トマージの小説『山猫』に登場したことで一躍有名となり、「ガットパルド（山猫）のリッチ」とも呼ばれている。山猫は1860年のイタリア統一前夜の混乱をシチリア貴族の目線で描いた不朽の名作で、映画化もされているのでかつての貴族と修道院の関係も垣間見れる。

ビスコッティはというと、表面はカリカリ、中はしっとり。修道院で作り販売まで行うという、今は希少な“本物の”修道院菓子である。

修道院名：聖ロザリオ修道院（p189）
エリア：シチリア州／パルマ・ディ・モンテキアロ　カテゴリー：ビスコッティ　シチュエーション：家庭菓子、パスティッチェリア　構成：アーモンドパウダー＋砂糖＋卵＋レモンの皮

Amaretto Santacrocese サンタクローチェのアマレット

◎材料（約12個分）
アーモンドパウダー …… 150g
グラニュー糖 …… 75g
卵 …… 1個
レモンの皮すりおろし …… 1/2個分
オスティア（p117）…… 適量

◎作り方
1 ボウルにアーモンドパウダーとグラニュー糖を入れて軽く混ぜ、卵を加えてこね、一つにまとまったらレモンの皮を加え混ぜる。
2 オスティアを敷いた天板に、直径約3㎝の円すい形に成形して置く。
3 160℃に温めたオーブンで約20分焼き、冷めたら包丁で底面に張りついたオスティアごと1個ずつ切り離す。

寄付への感謝を込めた 山形のビスコッティ

約200年前、ピサとフィレンツェの間にある聖クリスティアーナ修道院でのこと。この修道院では、いつも寄付をしてくれる人への恩返しとして、地元の農民から捧げられたアーモンドとシチリア出身の修道女の親戚から送られてきたアーモンドを使って、小さな菓子が作られるようになった。それがこの菓子だ。修道女が作るこのアマレットが大評判。街のパニフィーチョから一般市民にも広がっていく。大きめの円すい形は近隣の山をイメージしているのだとか。

毎年12月8日には「サンタクローチェのアマレット祭り」が開催され、多くの人で賑わう。

修道院名：聖クリスティアーナ修道院
エリア：トスカーナ州 / サンタ・クローチェ・スッラルノ　カテゴリー：ビスコッティ　シチュエーション：家庭菓子、パスティッチェリア、パニフィーチョ　構成：アーモンドパウダー＋砂糖＋卵＋レモンの皮

Le monachine

レ・モナキーネ

◎材料（7個分）

パイ生地

A

マニトバ粉 …… 250g

バター（常温に戻す）…… 20g

塩 …… 5g

水 …… 65mℓ

バター（使う直前まで冷蔵庫で冷やす）…… 200g

溶き卵 …… 適量

基本のカスタードクリーム（p174）…… 150g

アマレーナのシロップ漬け（飾り用）…… 適量

粉糖（仕上げ用）…… 適量

◎作り方

1 パイ生地を作る。Aをボウルに入れ、なめらかになるまでよくこね、常温で1時間休ませる。打ち粉をした台に出し、めん棒で20cm角にのばす。冷やしたバターはラップに包んで10cm角に整え、生地に対してひし形に置き、生地の四隅を中央に合わせてとじてバターを包む。めん棒で長方形にのばし、三つ折りにする。90°回転させて再びめん棒で長方形にのばし、同様に三つ折りにする。ラップで包んで、冷蔵庫で1時間休ませる。これをあと2回繰り返す。

2 打ち粉をした台に出してめん棒で1～2mm厚さにのばし、8cm角の正方形を7枚作る。対角線上の2つの角に溶き卵を刷毛で塗って三角に折り、指で押してしっかりとじる。この時、真ん中は押さずに空洞にしておく。

3 オーブンシートを敷いた天板に並べ、200℃に温めたオーブンで約10分焼いて冷ます。

4 とじた2辺に包丁で切れ目を入れ、ギザギザの口金を付けた絞り袋に入れたカスタードクリームを絞り出す。アマレーナのシロップ漬けを飾って粉糖をふる。

スフォリアテッラの前身のパイ生地の小菓子

修道院菓子の研究は、菓子変遷の研究でもある。あらゆる菓子のベースは数千年前の古代エジプト、ギリシャ、ローマ時代にあり、それが修道院で、その後パスティッチェリアでさらに進化を重ねて現在の形となる。このレ・モナキーネも、ナポリ銘菓のスフォリアテッラ（p127）の前身といわれている。

1700年頃、ナポリのカプチン派のトレンタトレ修道院で生まれたレ・モナキーネ。パイ生地とカスタードという今でこそ定番的なものだが当時は斬新だった。パイ生地は中世にアラブから伝わったが、現在のように菓子や料理に使うようになったのは1600年代のスペインでのこと。ナポリはその頃スペインの支配下にあったため、パイ生地と甘いクリームの菓子が生まれたと考えると辻褄が合う。

修道院菓子がナポリやシチリアに圧倒的に多いのはその歴史によるもので、シチリアはアラブ人統治下時代に、ナポリはスペインやフランス統治下時代に、さまざまな国の影響を受けながら菓子も発展していく。そうして現在に至り、伝統菓子として作り続けられているのだ。

修道院名：トレンタトレ修道院
エリア：カンパーニャ州／ナポリ　カテゴリー：焼き菓子　シチュエーション：家庭菓子、パスティッチェリア
構成：パイ生地＋カスタードクリーム＋アマレーナのシロップ漬け

Sfogliatella

スフォリアテッラ

◎材料（4個分）

生地

- 薄力粉 …… 125g
- ストゥルット（使う直前まで冷蔵庫で冷やす）…… 50g
- A
  - グラニュー糖 …… 45g
  - 塩 …… ひとつまみ
  - レモンの皮すりおろし …… 1/4個分
- 水 …… 35mℓ

リピエーノ

- 牛乳 …… 125mℓ
- セモリナ粉 …… 50g
- リコッタ …… 60g
- 粉糖 …… 30g
- オレンジの砂糖煮（細かく刻む）…… 15g
- 卵黄 …… 1/2個分
- バニラパウダー …… 少量
- 塩 …… ひとつまみ

卵白 …… 1/2個分

粉糖（仕上げ用）…… 適量

◎作り方

1 生地を作る。ボウルに薄力粉を入れ、冷やしたストゥルットを加えて指ですり合わせるように混ぜ合わせる。Aを加え、分量の水を少しずつ加えながら手でひとまとまりにし、ラップをして1時間休ませる。

2 リピエーノを作る。鍋に牛乳を入れて中火にかけ、沸騰直前になったら塩、セモリナ粉を少しずつ加え、その都度ヘラで混ぜる。粉っぽさがなくなったら火からおろし、ボウルに移して粗熱を取る。残りの材料を加え、ヘラでよく混ぜて均一にする。

3 1を4等分にして打ち粉をした台に出す。11×16cmの楕円形にのばし、2の1/4量を手前側にのせる。生地を奥側から二つ折りにし、縁を指で押してしっかりとじ、直径9cmの丸型でぬく。

4 オーブンシートを敷いた天板に並べ、表面にほぐした卵白を刷毛で塗る。180℃に温めたオーブンで約25分、表面に軽く焼き色が付くまで焼き、粗熱が取れたら粉糖をふる。

おなじみナポリ銘菓の発祥はパイでなくタルトから

1600年代、風光明媚なバカンス地として世界に知られるアマルフィ海岸の小さな街の崖の縁に造られた聖ローザ修道院（現在はホテルとして営業）で生まれたスフォリアテッラ。伝説によると、昼食で余った牛乳で煮たセモリナ粉を捨てるのがもったいないので、レモンリキュール、果物の砂糖煮などを加えた詰め物を、小麦粉、白ワイン、ストゥルットで作ったパン生地に詰めて丸く成形し薪窯で焼いたのが最初で、上にはカスタードクリームとさくらんぼの砂糖煮が飾られていたとか。

ほぼ1世紀半の間、修道院の秘密のレシピとして伝わってきたが、1800年代初頭、ナポリの菓子職人パスクワーレ・ピンタウロが、修道女だった叔母からレシピを入手し、ついに門外へ。前項のレ・モナキーネからインスピレーションを受けたのか、生地はストゥルットをたっぷりと塗ったパイ生地のような層に仕上げ、シェル形に成形してオリジナルの詰め物を入れ焼き上げた。それが現在に伝わるシェル形のパリパリ食感のパイ菓子・スフォリアテッラだ。現在では店によって2種あり、修道院で作られていたオリジナルはフロッラ（タルト生地、本レシピ）、シェル形の方はリッチ（パイ生地）と呼ばれる。

本場ナポリにはスフォリアテッラ専門店もあり、連日列ができる大盛況っぷり。ナポリっ子に愛されてやまない郷土菓子なのだ。

修道院名：聖ローザ修道院（p188）
エリア：カンパーニャ州／コンカ・デイ・マリーニ　カテゴリー：焼き菓子　シチュエーション：家庭菓子、パスティッチェリア、バール・レストラン　構成：薄力粉ベースの生地＋セモリナ粉とリコッタのリピエーノ

BREAD

Muccunetti

ムックネッティ

◎材料（16個分）

生地

- アーモンドパウダー …… 200g
- グラニュー糖 …… 140g
- 卵白（8分立て）…… 1個分
- ハチミツ …… 小さじ1弱
- レモンの皮すりおろし …… 1/4個分

ズッカータ（p168、粗みじん切り）…… 120g

基本のグラッサ（p174）…… 50g

◎作り方

1 ボウルに生地の材料を入れてなめらかになるまでこね、16等分にする。

2 生地をボール状に丸めて軽くつぶし、真ん中にくぼみを作り、粗みじん切りにしたズッカータをのせる。周りの生地で包み込み、丸めて形を整える。

3 オーブンシートを敷いた天板にのせ、200℃に温めたオーブンで約10分焼く。冷めたらスプーンでグラッサをかける。

菓子に情熱を注ぐ修道女たちの一口アーモンド菓子

シチリア西部にあるアラブの匂いが色濃い街マザーラ・デル・ヴァッロに、菓子作りを得意としていた修道院がある。「期間外のカッサータ作り禁止令」（p53）が発令されたという曰く付きの聖ミケーレ修道院だ。ここのスペシャリティがムックネッティで、現在も年老いた修道女たちが作り続けているのだから、菓子に対する情熱も昔からの伝統なのであろう。

「Muccunetti」という名前はシチリア弁で、イタリア語では「Bocconcini／ボッコンチーニ」、一口サイズという意味だ。この菓子は、一つひとつ丁寧に銀紙に包まれている。レモン風味のアーモンド生地でズッカータと呼ばれる瓜の砂糖煮を細かく刻んだものを包んで焼いたという、いかにもシチリアらしい小菓子である。

ズッカータはマリア・ストゥアルダ（p99）では詰め物として、カッサータ・シチリアーナ（p53）の飾りとして使われることもある（本書では不使用）シチリアの伝統的な菓子食材で、その正体は瓜科の実をシロップで煮たものだ。瓜は薄緑色の細長いズッキーニだったり、冬瓜のような大きな楕円形のものだったり、地方によりさまざま。大きくカットして砂糖煮にした硬いタイプと、ジャムのように仕上げたやわらかいタイプがあるが、菓子には前者が使われることが多い。

中世の時代には貴族から巨額の寄付金を受けていた修道院だが、その寄付金も少なくなってきた1700年代、ムックネッティは修道院を運営する費用を捻出するために生まれた。一口サイズのアーモンド菓子はすぐに評判となり、街の他の修道院でも作られるように。現在では街のバールやパスティッチェリアでも作られている一方、他の街ではほとんど見かけないというマニアックなご当地菓子となっている。

かつて30人ほどいた修道女も現在は10人ほど、皆かなりの高齢だという。なんとかこのムックネッティの伝統を受け継いでほしいものだ。

修道院名：聖ミケーレ修道院（p188）

エリア：シチリア州／マザーラ・デル・ヴァッロ　カテゴリー：焼き菓子　シチュエーション：家庭菓子、パスティッチェリア、バール・レストラン　構成：アーモンド生地＋ズッカータ＋グラッサ

Ravazzate di ricotta

ラヴァッツァーテ・ディ・リコッタ

◎材料（6個分）

丸いブリオッシュ（直径7cm）…… 6個
牛乳 …… 120mℓ
基本のリコッタクリーム（p175）…… 200g
ビターチョコレート（粗みじん切り）…… 15g
衣
　溶き卵 …… 2個分
　薄力粉、パングラッタート …… 各適量
サラダ油（揚げ油用）…… 適量

◎作り方

1 リコッタクリームと粗みじん切りにしたチョコレートを混ぜ合わせる。

2 ブリオッシュは横半分に切り、それぞれ生地の白い部分を適量取り除き、くぼみを作る。

3 2の切り口を牛乳に軽く浸し、底側のくぼみに1をのせ、もう1枚をかぶせ、手で押さえてしっかりとじる。

4 溶き卵、薄力粉、溶き卵、パングラッタートの順でしっかりと衣を付け、180°Cに熱したサラダ油でこんがり揚げる。

シチリアのブリオッシュは日本のブリオッシュとは異なり、丸いふわふわとした生地で、バターは少なめ。

パレルモのリコッタ入り揚げパン

ラヴァッツァータはシチリア弁で「ケーキのようなもの」という意味。最初は菓子ではなく、サラミやチーズが挟まったフォカッチャのようなものだったという。その後、菓子作りが得意な修道女がそのパンを牛乳に浸し、リコッタを中に詰めて甘い菓子に仕立てた。1700年代頃の話だ。当時のパレルモの修道院ではさかんに菓子作りが行われ、次々と新作が誕生する。

1800年代後半になると、パレルモにもパスティッチェリアが登場し始める。1901年、修道院生まれのラヴァッツァータにインスピレーションを受けた菓子職人アントニオ・ロ・ヴェルソはやわらかいブリオッシュ生地の中にチョコレート入りのリコッタクリームを詰めて揚げるという、修道院のそれより洗練された菓子を作り上げた。そして、同年にパレルモのマッシモ劇場でピエトロ・マスカーニのオペラ『イリス』が初演されたことにちなんで、この菓子を「イリス」と名付けた。このやわらかくて甘くて、ほんのり温かい菓子はたちまち評判を呼び、ついにパスティッチェリアの名前も「イリス」と改名してしまうほどの人気に。店は当時のパレルモの有力人物や、スノッブな人たちが集まり、朝食をイリスで楽しむことが流行となった。

ラヴァッツァータが生まれた聖エリザベッタ修道院だが、現在は警察署となり、イリスが生まれたパスティッチェリアも今はない。しかしその伝統は、後世の人たちが受け継ぎ伝えてくれたことに感謝したい。そのおかげで今もなお、私たちはこうしてこの菓子をおいしく味わうことができるのだから。

修道院名：聖エリザベッタ修道院
エリア：シチリア州／パレルモ　カテゴリー：揚げ菓子　シチュエーション：家庭菓子、パスティッチェリア、バール・レストラン　構成：ブリオッシュ＋リコッタクリーム

Trionfo di gola

トリオンフォ・ディ・ゴーラ

◎材料（直径12cm／1台分）
基本のスポンジ生地（p173）…… 50g
フェッデ・デル・カンチェッリエーレの
　アーモンド生地（p139の工程1）…… 250g
ビアンコ・マンジャーレ（p166＊）…… 280g
ピスタチオダイス …… 15g
ローストアーモンド（粗みじん切り）…… 130g
アプリコットジャム
　…… 20g ＋ 20g（仕上げ用）
シロップ
　水 …… 50mℓ
　グラニュー糖 …… 25g
　リキュール・ストレーガ …… 25mℓ
フルーツの砂糖煮（オレンジ、マンダリン、
　イチジクなど、飾り用）…… 150g
＊ビアンコ・マンジャーレは、工程3で火からおろして
粗熱を取ったもの（型に入れて冷やし固めることはしない）

◎作り方

1 スポンジ生地は手でほぐして細かくする。シロップは小鍋に分量の水とグラニュー糖を入れて中火にかけ、グラニュー糖が溶けたら火からおろして冷まし、リキュール・ストレーガを加え混ぜる。

2 直径12cmのボウルにラップを敷き、ビアンコ・マンジャーレ、アプリコットジャム、ピスタチオダイス、スポンジ生地の順にのせ、スポンジにシロップを打つ。同様にもう一度繰り返し、ローストアーモンドをのせる。

3 粉糖（分量外）をふった台にアーモンド生地を出し、めん棒で5mm厚さにのばす。直径12cmのセルクルでぬき、2にのせてしっかりおさえ、ラップをかけて冷蔵庫で一晩休ませる。

4 ひっくり返して皿にのせる。3の残りのアーモンド生地をめん棒で5mm厚さにのばして全体を覆い、仕上げ用のアプリコットジャムを塗る。底から高さ半分くらいまでの位置にピスタチオダイス（分量外）を隙間なく貼り付け、食べやすく切ったフルーツの砂糖煮を飾る。

「暴食の勝利」という名の「神への捧げ物」

「神への捧げ物」とはなんと便利な言葉であろう。修道院菓子は、日常的に食べる慎ましやかな菓子も多くある中、市民には到底手が出なかった豪華なものも少なくない。その最たるものがこの菓子かもしれない。

カトリックで定義される7つの大罪、「傲慢」「嫉妬」「憤怒」「怠惰」「強欲」「色欲」、そして「暴食」。腹いっぱいに食べることはキリスト教上では「罪」にあたるのだ。しかし、この菓子が「暴食（＝ゴーラ）の勝利」と名付けられているのは聞き捨てならない。

トリオンフォ・ディ・ゴーラは謎に包まれた菓子で、長い間姿を消していたものだった。復活したのは2017年、パレルモの聖カテリーナ修道院内にシチリア中の修道院の伝統菓子を作る工房を構えた時のことだ。修道院の歴史に造詣が深いマリア・オリヴェリ氏が発起人となって昔のレシピを再現し、修道院で菓子を買うという伝統を復活させた。その際、現在はかなり高齢になっているがこの菓子を知る唯一の修道女ジュゼッピーナの話を手がかりに再現されたというトリオンフォ・ディ・ゴーラは、聖マリア・ヴェルジニ修道院のスペシャリティで、シチリアの貴族社会を描いた映画『山猫』にも登場。再現されたものとはいえ、やはりかなり謎な姿ではある。全体の緑色はピスタチオによるもの、中のクリームはビアンコ・マンジャーレ（p166）。周りのゼリー状のものの正体がわからず、聞いてみると、アプリコットジャムを塗ったものだという。その上には「これでもか」という量のフルーツの砂糖煮。神への捧げ物といえばなんでも許されるのか？と思うほどの豪華さである。

修道院名：聖マリア・ヴェルジニ修道院
エリア：シチリア州／パレルモ　カテゴリー：生菓子　シチュエーション：パスティッチェリア　構成：ピスタチオパウダー入りのアーモンド生地＋スポンジ生地＋ビアンコ・マンジャーレ＋ピスタチオ＋フルーツの砂糖煮

Ova murina

オヴァ・ムリーナ

◎材料（4個分）

生地

- 卵 …… 1個
- グラニュー糖 …… 30g
- アーモンドパウダー …… 25g
- コーンスターチ …… 5g
- ビターチョコレート（湯せんで溶かす）…… 15g
- バニラパウダー …… 少量
- レモンの皮すりおろし …… 1個分

ミルククリーム

- 牛乳 …… 250g
- グラニュー糖 …… 40g
- コーンスターチ …… 25g
- レモンの皮すりおろし …… 1/4個分

バター …… 適量

シナモンパウダー、粉糖（仕上げ用）…… 各適量

◎作り方

1 ミルククリームを作る。鍋に牛乳以外の材料を入れて泡立て器で軽く混ぜ、牛乳を少しずつ加えながら混ぜ合わせる。

2 弱火にかけ、混ぜながら底面から気泡が上がってきたら火からおろし、そのまま冷ます。

3 生地を作る。ボウルに卵とグラニュー糖を入れて泡立て器で混ぜ合わせ、残りの材料を加え混ぜる。

4 フライパンを中火で熱し、バター少量を溶かして3を大さじ2流し入れ、フライパンをまわして直径約12㎝に広げる。表面に気泡が出てきたら上下を返し、両面を焼く。

5 中央に4等分にした2をのせ、手前と奥からたたんで皿に盛り、シナモンパウダーと粉糖をふる。

リコッタを作らない夏の黒いカンノーリ

オヴァ・ムリーナが生まれたのはシチリア南海岸にあるシャッカのバディア・グランデ修道院。1600年代、神聖ローマ帝国のカルロ5世が修道院を訪問した際にふるまわれたという。ちょうどリコッタを作らない夏の訪問だったため、どうにかしておいしい菓子をふるまおうとカカオとシナモンを入れたクレープ生地を作り、牛乳で作ったクリームを巻いてカンノーリ（p35）に見立てたとか。

現在は通年ショーケースに並ぶカンノーリだが、その頃は冬から春にかけてのリコッタを作る期間だけに作られていた。シチリアではリコッタは羊乳で作るが、夏季のシチリアは暑すぎて野草は全て枯れ果て、羊たちは干草しか食べられない。そのため良質の羊乳が搾れず、また冷蔵庫のない当時、猛烈に暑いシチリアではすぐに腐ってしまうなどの理由で夏季にはリコッタを作れなかったのだ。

「オヴァ（＝卵）・ムリーナ（＝ウツボ）」はシチリア弁で、卵を使ったクレープ生地の表面がボツボツしていてウツボに似ていたことから付いたといわれるが、使う材料がシナモンやバニラなどアラブ人由来の材料が多かったことから、最初は「オヴァ・モレスケ（＝イスラムの）」と呼ばれていたとも。今や唯一シャッカのレストランデザートとしてメニューにあるのを時折見かける程度という、消滅してしまいそうな希少菓子である。

1380年に作られたバディア・グランデ修道院は1942年に閉鎖となったが、修道院の消滅とともにこの伝統菓子も、消滅してしまわないことを祈るばかりだ。

修道院名：バディア・グランデ修道院
エリア：シチリア州／シャッカ　カテゴリー：生菓子　シチュエーション：家庭菓子、バール・レストラン
構成：アーモンドとチョコレートのクレープ生地＋ミルククリーム

Sospiri

ソスピーリ

◎**材料**（6個分）

薄力粉 …… 20g
卵黄 …… 1個分
卵白 …… 1個分
グラニュー糖 …… 20g
レモン果汁 …… 2mℓ
基本のカスタードクリーム（p174）
…… 120g
基本のグラッサ（p174） …… 100g

◎**作り方**

1 ボウルに卵黄、グラニュー糖10gを入れてミキサーでもったりするまで撹拌し、薄力粉を加えてヘラで混ぜ合わせる。

2 別のボウルに卵白、残りのグラニュー糖を入れ、レモン果汁を2回に分けて加えながら、角が立つまで撹拌する。**1**に加え、泡をつぶさないようにヘラでさっくり混ぜる。

3 2cmの丸型の口金を付けた絞り袋に入れ、オーブンシートを敷いた天板に直径5cmの円すい状に絞り出す。180℃に温めたオーブンで約20分焼き、冷ます。

4 カスタードクリームを丸い口金を付けた絞り袋に入れ、**3**の底から口金を差し込み、クリームを絞り入れる。グラッサで表面全体を覆い、乾かす。

悲劇の結婚式のために生まれた菓子

イタリア半島のかかと、プーリア州の海沿いのビシェリエという小さな街に、1519年、聖クララ会の修道院として誕生した聖ルイージ修道院。現在も9人の修道女が暮らすこの修道院で生まれたのが、白いグラッサで覆われたやわらかなスポンジ生地の菓子、ソスピーリだ。

初めて作られたのは15世紀のこと。ルネサンス期のボルジア家出身の貴族女性ルクレツィア・ボルジアとナポリ王の庶子アルフォンソ・ダラゴーナの結婚式の晩餐のため、聖ルイージ修道院の修道女によって作られたものとされている。ところがルクレツィアにとっては2回目の政略結婚だったため結婚式には現れず、結局中止となった。人々は長い待ち時間と悲しみで、思わず大きなため息を漏らしたことから、「ため息」を意味する「ソスピーリ」という名が付いたという。なんとも悲しいいわれの菓子であろうか。

そうして修道女の手によって15世紀に生まれたソスピーリは、19世紀になると菓子職人たちがこぞって作るようになり大人気に。現在は、この伝統を守るために地元の8つのパスティッチェリアで構成される「ビシェリエ・ソスピーリ協会」なるものがあるというから驚きだ。2014年にはイタリアのスローフード協会が、消えてしまいそうな伝統を守ろうという趣旨で作ったプレシディオ（イタリア語で砦の意味）にも登録された。

修道院菓子のレシピは、シンプルで簡単そうに見えて実はなかなか難しいものが多い。ソスピーリもその一つで、一見なんてことのないスポンジ生地のように見えるが、形を保つためには卵白の立て具合と、生地の絞り加減がなかなか悩ましい。修道女の繊細な手によって作り出されたレシピは、後に優秀な菓子職人によって受け継がれていき、現在はビシェリエの街のシンボルとなっている。

修道院名：聖ルイージ修道院（p189）
エリア：プーリア州／ビシェリエ　カテゴリー：生菓子　シチュエーション：家庭菓子、パスティッチェリア、バール・レストラン　構成：薄力粉ベースの生地＋カスタードクリーム＋グラッサ

Fedde del cancelliere

フェッデ・デル・カンチェッリエーレ

◎**材料**（8cmのシェル型／6個分）

アーモンド生地

- アーモンドパウダー …… 90g
- ピスタチオパウダー …… 30g
- グラニュー糖 …… 90g
- 水 …… 35mℓ

アプリコットジャム …… 10g

ビアンコ・マンジャーレ（p166＊）…… 30g

＊ビアンコ・マンジャーレは、工程3で火からおろして粗熱を取ったもの（型に入れて冷やし固めることはしない）

◎**作り方**

1 アーモンド生地を作る。水以外の材料をフードプロセッサーに入れ、細かく挽く。分量の水を少しずつ加えながらフードプロセッサーを回し、一つにまとめる。

2 粉糖（分量外）をたっぷりふった型に、指で軽く押さえながら1を入れる。中央にくぼみを作り、型から外す。同様に12枚作る。2枚をひと組とし、平らの面にアプリコットジャムを薄く塗ってビアンコ・マンジャーレをややはみ出すくらいたっぷりのせ、もう1枚でふたをする。同様にして6個作る。

尻を模したスキャンダラス！なアーモンド菓子

「イタリア人ってどんな人？」と質問すれば、明るく大きな声で笑い、歌って、食を愛する人、と誰しもが答えるであろう。修道院のイメージはそれとは真逆であるが、イタリアの修道院を調べていると、随所にイタリア人らしいユーモアセンスを感じることがある。例えばこの菓子の名前の「フェッデ」はシチリア弁で「尻」という意味。貝殻の形のマジパン生地を2枚合わせたその姿が、尻の形に似ているかららしい。修道女が笑っている姿はあまり想像できないが、この菓子の名前を付ける時には、クスクスと笑いながらおしゃべりをしていたに違いない。

この菓子が誕生した通称カンチェッリエーレ修道院は1171年、シチリアがノルマン人支配下だった頃にできた修道院。この菓子もその頃から作られていたが、今の貝殻の形になったのは19世紀で、それ以前は丸みを帯びたマジパン生地を2枚重ねてあり、それは男性の尻の形を模したというのだからなんともスキャンダラスだ。13世紀になると、そんな堕落した修道院とは離れて信仰の道をたどる人たちが現れ、それが徹底した清貧な暮らしを心がけるフランチェスコ会やドミニコ会という托鉢修道会（p12）につながる。

修道院菓子は、クラウズーラと呼ばれる、外の世界と完全に隔てられた生活をしている修道院で作られているものが多く、そのため修道院の回廊の外に出ることなく秘密のレシピとして受け継がれた。古くは口頭で伝承され、後にメモとして残されるようになったが、具体的な量や作り方は記載されていなかったという。この菓子のレシピも1900年初頭までは秘密裏に受け継がれていたが、第二次世界大戦中、材料の入手が難しくなったため作られなくなり、そのまま忘れ去られてしまった。それが近年、なり手の減少に修道女たちが危機感を抱いたのか、レシピが徐々に語られるようになり、ついに復活を果たしたのだ。しかしまだ見ぬレシピが回廊の中に潜んでいるかと思うと、ワクワクしてしまう。

修道院名：聖マリア・カンチェッリエーレ修道院

エリア：シチリア州／パレルモ　カテゴリー：アーモンド菓子　シチュエーション：パスティッチェリア

構成：ピスタチオパウダー入りのアーモンド生地＋ビアンコ・マンジャーレ＋アプリコットジャム

Palline

パッリーネ

◎材料（各10個分）

〈オレンジ〉

A

- 皮なしアーモンド …… 50g
- グラニュー糖 …… 50g
- オレンジ（皮付き）…… 30g

ラム酒 …… 大さじ1/4

〈チョコレート〉

B

- 皮なしアーモンド …… 50g
- グラニュー糖 …… 50g
- カカオパウダー …… 大さじ1/2弱

ラム酒 …… 大さじ1/2

水 …… 大さじ1/2

◎作り方

1 オレンジはA、チョコレートはBをそれぞれフードプロセッサーに入れ、粉状に撹拌する。

2 オレンジはラム酒、チョコレートはラム酒と分量の水を加え、軽くこねて一つにまとめる。

3 グラニュー糖（分量外）をふった台に出して、それぞれの生地を10等分にする。直径約3㎝に丸めて転がし、表面をグラニュー糖（分量外）で覆い、そのまま3時間置いて乾かす。

エリチェの焼かないアーモンド菓子

「小さなボール」を意味するこの菓子は、シチリア島西部の山の上にある中世の街エリチェの聖カルロ修道院に伝わる伝統菓子。オリジナルはオレンジ味で、マルメッラータを作った後に残ったオレンジの皮を再利用すべく、アーモンド菓子の中に果汁とともに混ぜたのが始まりだとか。

シチリアはアーモンドの一大生産地で、その風味のよさは世界でも有名なもの。そのためシチリアの修道院に伝わる菓子はアーモンドを使ったものが多く、さまざまな街の修道院で似たようなアーモンドの焼き菓子を見かけるのだが、パッリーネは"焼かない"アーモンド菓子。他の街では見たことがないものだ。

修道院は閉鎖されてしまったが、この菓子はクオーレ（p81）でも触れたエリチェのパスティッチェリア「マリア・グラマティコ」で健在だ。最初に作られたというオレンジ味、ピスタチオリキュールでまとめたピスタチオ味、ココアパウダーとラム酒が入ったチョコレート味の3種が皿に山盛りになってショーケースに並ぶ。ちなみに聖カルロ修道院で作られていた37種のハーブからなるリキュール「モンテ・エリチェ」と合わせるのが伝統。消化促進の効果があり、甘い菓子もしっかりと消化してくれるそうだ。

元修道女である同店の主マリアは、聖カルロ修道院に伝わる菓子のレシピと歴史を綴った本を2004年に出版した。店で働く聖カルロ修道院の元修道女もあと2人となり、両人ともに80歳を迎えている。

マリア・グラマティコでは全ての菓子が皿に山のように積まれてショーケースに並ぶ。写真はチョコレート味のパッリーネ。

修道院名：聖カルロ修道院（p189）
エリア：シチリア州／エリチェ　カテゴリー：アーモンド菓子　シチュエーション：家庭菓子、パスティッチェリア
構成：アーモンド生地＋オレンジやカカオ

Tartufini

タルトゥフィーニ

◎材料（約15個分）

栗 …… 200g

A

- ビターチョコレート（細かく刻む）…… 40g
- グラニュー糖 …… 35g
- バニラパウダー …… 少量
- アニスリキュール …… 20mℓ
- バター（常温に戻す）…… 10g

ヘーゼルナッツ（ロースト）…… 30g

ビターチョコレート …… 5g

◎作り方

1 栗はよく洗って鍋に入れて2時間浸水させ、中火にかけて沸騰したら弱火で40分ゆでる。半分に切って実をスプーンで取り出し、フードプロセッサーに入れて細かくなるまで攪拌する。

2 Aを加えてヘラでよく混ぜ合わせ、なめらかになったら手で直径3㎝のボール状に成形する。

3 ローストしたヘーゼルナッツはチョコレートとともに細かく刻んでボウルに入れ、2を入れて手で転がしながら表面にまぶす。

アニスが香るチョコレート菓子

パステ・ディ・チョッコラータ（p39）と同じ文献に載っていたこの菓子は、マルケ州イエジという中世の小さな街で生まれた。この街は私にとってイタリア滞在の始まりの街であり、久しぶりにこの名前を見つけてなんとも懐かしく思った。マルケ州都のアンコーナから電車で20分、丘陵地帯にある中世の城壁に囲まれた静かな街だ。アッシジやペルージャまでも電車で比較的近く、当時は週末に小旅行によく出かけ、多くの教会や修道院を訪れた。イエジは今思えば修道院の活動がさかんな場所だったが、それはフランチェスコ会の膝元であるアッシジが近いからだろう。

前置きが長くなったが、イエジの修道院のタルトゥフィーニは、通常はチョコレートベースのところが栗になっている点が珍しい。マルケは、秋になると各地で栗祭りが行われるほどの栗の名産地。材料の栗とチョコレート、そしてそれをまとめるのはアニゼッタというアニスのリキュールだ。かつてはマルケの修道院で造られたもので、アニスの香りが頭痛を和らげ、利尿、整腸作用もあるとされ、呼吸器系にもよいという万能薬であった。現在は薬剤師の家系のヴァルネッリ社をはじめ多くの会社が製造販売していて、「マルケではアニゼッタがない家はない」といわれるほどポピュラーな存在。エスプレッソに入れて香りを楽しんだりもする。当時チョコレートは栄養価の高さから滋養強壮剤ともいわれたが、加えて万能薬のアニスが加わるとは最強の菓子である。実際に初めて作ってみたのだが想像以上においしく、数百年前にこんなにおいしい菓子が、しかも修道院で作られていたとは驚くばかりであった。

イエジの街中に残る修道院には、現在も修道女の手書きによるタルトゥフィーニのレシピが残されているという。久しぶりに、この思い出の地を訪れてみたくなった。

アニスリキュールはアニスの種子、数種のハーブやスパイスを蒸留酒に漬け込み、オレンジピール、シロップを加えて再び蒸留したもの。文中のアニゼッタもその一つ。

修道院名：サンティッシマ・アンヌンツィアータ修道院
エリア：マルケ州 / イエジ　カテゴリー：チョコレート菓子　シチュエーション：家庭菓子
構成：栗＋チョコレート＋砂糖＋アニゼッタ

修道院のハーブとリキュール造り

修道院では古くから植物を用いた治療法が研究されてきた。それは、修道士たちがベネディクトゥスの教えである自給自足を目指し、限られた食糧で健康を保つために必要不可欠だったからだ。修道院内のハーブ園ではバジルやミントなど今ではなじみのものから耳慣れないものまで、70種に及ぶ薬草を栽培。収穫後に乾燥させて保存し、薬として調合した後に煎じて飲んだ。これが現在のハーブティーの起源である。効能については外部の修道院とも分かち合い、やがて種や苗を交換するように。例えば、地中海沿岸原産のローズマリー、ラベンダー、メリッサ（レモンバーム）は、修道士によってアルプスを越え、ドイツやベルギーといった北の地にも根付いた。

また薬草は、薬用だけでなく食糧の保存や料理にも使われた。当時の薬草技術を記した書物には、効能や利用法、栽培方法、収穫時期、選別と保存に加え、その効能を最大限に引き出すため毎月採取すべき薬草の暦を定め、満月5日前に収穫すると長持ちするだとか、多岐にわたる情報が詳細に記されている。

11世紀頃になると化学の発展とともに、蒸留技術を用いた精油やハーブ水が誕生。中でも蒸留酒はAcqua vite／アクア・ヴィーテ（生命の水）と呼ばれ、不老長寿の秘薬として扱われた。そこに薬草を浸すことで有効成分を最大限に抽出し、医薬としてのリキュールが発展したのだ。リキュールは薬草の効能を持続させたまま長期保存でき、持ち運びも可能だったことから重宝され、ヨーロッパ全土の修道院に広がっていく。土地ごとに育つ薬草が異なるため、それぞれの修道院で数十種の薬草を漬け込んだオリジナルのリキュールが生まれたが、レシピは外部に公開されておらず詳細は不明だ。ただ、当時のリキュールは薬用効果はあるものの苦くて飲みにくかったので、病人に飲ませやすくするため清涼感や甘みを加えるようになった。これは「ロゾーリオ（Rosolio）」と呼ばれ、ピエモンテ州、カンパーニャ州、シチリア州などを中心にイタリア全土で現在も親しまれている。

薬草はこれら飲み薬としてだけでなく、チンキ剤（アルコールに薬草を漬けた液状の薬）や軟膏として火傷や皮膚炎、消毒などにも使われた。こうして修道院で発展した薬草技術は、19世紀になり西洋医学の「薬」が誕生するまでの間、人々を癒やし救ってきたのである。

イタリアでは現在もエルボリステリア（Erboristeria）と呼ばれるハーブ専門店が街にいくつもあり、体調が優れない時にはハーブティーを調合してもらい、食後には消化を促進させるためのリキュールを飲む習慣がある。修道院を発祥とした薬草療法は、長い年月が経った現在も、予防医学として日常生活に根付いている。

フィレンツェのサンタ・マリア・ノヴェッラ薬局（p188）のリキュール。食後の消化促進効果のあるエディンブルゴ（写真右から1、2番目）は17世紀から、胃の不調を調整するストマティコ（写真右から3、4番目）は18世紀から伝わるレシピで現在も造られる。

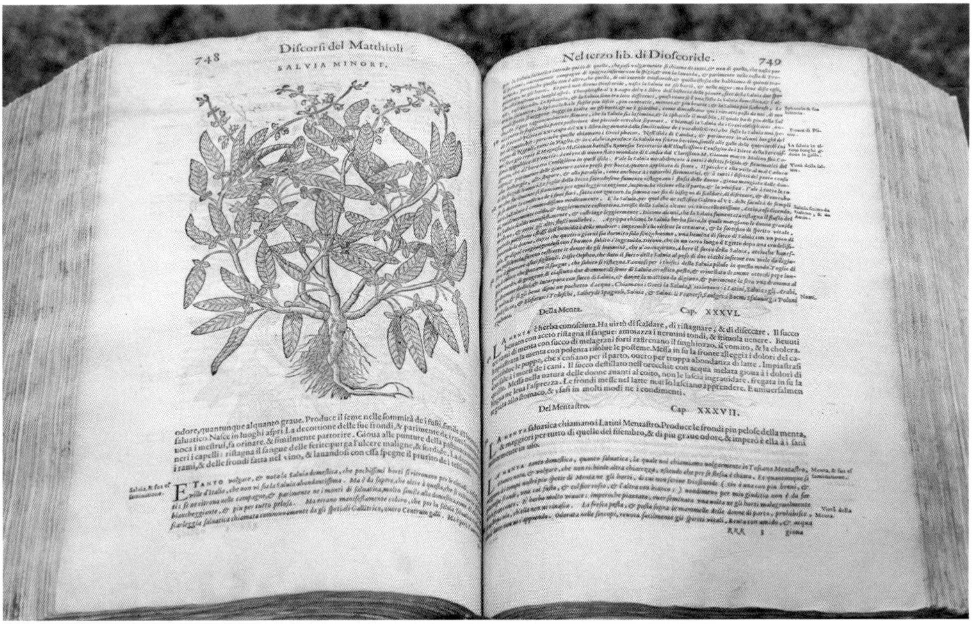

1585年にヴェネツィアで印刷された、医師であり植物学者のピエトロ・マッティオーリによる薬草の効能と近代医学の基礎を築く薬のレシピが書かれている論文の原書。サルヴィアの植物画はかなり緻密に描かれている（同薬局所蔵）。

修道院で作られる主なハーブと効用

サルヴィア（Salvia／セージ）

強い抗菌・抗ウイルス作用を持ち、風邪や感染症の予防、歯肉炎や口内炎などの症状を和らげる。血液循環促進、滋養強壮効果あり。語源はラテン語で「救う」という意味の「サルバトーレ(Salvatore)」。

ローズマリー（Rosmarino）

血管を強くして血行を促すため、心臓病の予防と緩和に効果。また、消化機能を高めることから新陳代謝を促進、細胞の老化を防止する抗酸化作用もあるためアンチエイジングのハーブと呼ばれ、記憶力向上効果もあるとか。

ラベンダー（Lavanda）

ストレスや不安、緊張を緩和し、頭痛を和らげるなどの鎮静作用がある。ハーブティーにして飲んだり、花の小袋を枕の下に置くと不眠に効くとされる。防虫効果があり、中世では花を部屋につるして虫除けにしていた。

メリッサ（Melissa）

気分の落ち込みや精神の高ようが静まり、抗うつ、ストレス緩和の作用がある。消化不良を和らげ、胃腸の調子を整えてくれる。レモンのような香りがするのでレモンバームと呼ばれる。

カモミール（Camomilla）

体の中の筋肉組織を落ち着かせる作用があり、腹痛や胃痙攣《けいれん》、生理痛などを和らげる。リラックス効果、ストレス軽減作用があり心を落ち着かせてくれるので、寝る前にハーブティーにして飲むと不眠に効果あり。

バラ（Rosa）

ストレス軽減、安眠効果などのリラックス効果に加え、免疫力向上、ホルモンバランスの調整など精神安定効果がある。蒸留したローズウォーターは殺菌作用、空気清浄作用もある他、本書ではトルタ・バスタルダ（p111）に使用。花びらをハーブティーに、または蒸留してハーブ水に。

アニス（Anice）

胃腸の働きを促し消化を促進させる作用がある。風邪や喘息のせきを鎮める効果あり。種子をハーブティーやリキュールに。本書では聖アントニオのチャンベッレ（p27）や聖マルティーノのビスコッティ（p59）などに使用。古代ローマでは食後にアニスケーキがふるまわれていた。

フェンネル（Finocchio）

消化促進、利尿、発汗作用があり、消化不良、体のむくみ解消に効果がある。女性ホルモンの活性化、眼せい疲労にも効果あり。ハーブティーには主に種子を使う。

カルチョーフォ（Carciofo／アーティチョーク）

肝臓の機能を強化し、胆汁の分泌を促進させ二日酔いを抑制する。血中コレステロール値や中性脂肪値を下げる働きがある。消化促進、食欲不振にも有効。葉の部分をハーブティーやリキュールに。

サンブーコ（Sambuco／エルダーフラワー）

利尿作用と発汗作用があり、体内に溜まった毒素の排出を助ける。粘液を浄化して呼吸器の気道をきれいにすることから、風邪やインフルエンザの治療、また鼻炎や花粉症の緩和にも効果がある。花をハーブティーやシロップ漬けに。本書ではパン・メイーノ（p93）に使用。

バラの女王ともいわれるダマスクローズの花びらを水蒸気に当てて蒸留したローズウォーターはドミニコ会修道院発祥。殺菌効果や皮膚の調子を整える作用があり、現在も菓子や化粧品などに使われる。写真はサンタ・マリア・ノヴェッラ薬局のもの。

修道院のワインとビール造り

禁欲的なイメージの修道院と酒はなんだか結びつかないが、古代に生まれたワインやビールの製造方法を革新的に飛躍させたのは、中世において最先端技術を研究していた修道院だった。そこには快楽を求めるための酒とは違う意味の必要性があったのだ。

ブドウは人類が初めて栽培した植物といわれ、聖書にも頻繁に登場する。さらにワインはキリストが自分自身の血にたとえたことから、礼拝において聖なる飲み物とされ、また、修道院では巡礼者をもてなしたり病人を治療するためにも不可欠なものであった。このように修道院ではワインの醸造を行う必要があり、当時の学術機関の最高峰であった修道院はこぞってブドウ畑を開墾し、10世紀頃には大きな修道院のほぼ全てに、広大なブドウ園が併設されるようになる。ワイン造りはキリスト教の拡大とともにヨーロッパ全土に広がり、技術も向上して質の高いワインが王家や貴族の晩餐会を彩ることになった。

また、修道院の飲み物は、普段からもっぱらワインだった。ベネディクト会の会則では1日に飲む量を、当時の単位で「1ヘミナ」と定めた。1ヘミナは1/4ℓとも1/2ℓともいわれ定かではないが、この量なら心臓の働きを促進するとされていたとか。

一方ビールの醸造技術も、修道院で大きな発展を遂げた。そもそも中世の時代、飲料水は極めて質が悪く、病原菌の温床となっていた。そのため、醸造によって有毒な微生物を殺菌してできるワインやビールは、喉の渇きを潤す飲み物として欠かせないものだったのだ。

古代ローマ時代、ビールは既に醸造されていた。発酵したオーツ麦、ライ麦、スペルト小麦などを合わせて造られていたのだが、風味はよくなかったという。中世の修道院ではもっとおいしく、栄養価を高めようと長い期間をかけて研究を重ねたところ、8世紀になると、修道院で育てられていた薬草のホップを使うことにたどり着く。このビールは豊かな風味を醸し、さらにホップの持つ雑菌の繁殖を抑える働きにより保存性も飛躍的に上がったのだ。栄養価も高まったため、修道士や病人の栄養補給として服用されるように。滋養強壮、利尿と腎臓の活動を活発にする効用、精神安定作用があることも研究によってわかってきた。そうして9世紀には、神聖ローマ帝国公認のキリスト教徒の「薬用飲み物」として承認され、節食期間でも飲むことが許されるようになったのである。

現在は嗜好品であるワインとビールだが、修道院ではあくまで享楽のために研究されたわけでなく、修道士や巡礼者、そして病人の健康と医療に密接に関わりながら発展したのだ。

イタリア初であり唯一のトラピスト会公認のビール醸造所を持つ、ローマ郊外のトレ・フォンターネ修道院(p189)。現在、同会の公認醸造所は世界で11か所のみ。院内で栽培されるユーカリの他、さまざまなハーブの香りが漂いとても爽やか。

Capitolo 3

修道院のふだんのおやつ

清貧をモットーとする修道院の生活の中のささやかな楽しみ、
それが時折口にできる、わずかな量の菓子であった。
自給自足を目指した修道院では中庭で春夏秋冬の果物を育て、
それを使って日々のおやつ作りを楽しんでいた。
粉や果物のおいしさを楽しめるシンプルで素朴な菓子は、
現在のイタリア家庭の定番であり、日本でも試したくなるものだ。

Crostata

クロスタータ

14世紀のフレスコ画にも描かれる
修道女のおやつ

タルト生地にフルーツやジャムをのせた定番菓子。
古代、水と小麦粉の生地に果物をのせて焼いたのが
起源とされるが、現在のような形になったのは中世の時代、
ナポリの聖グレゴリオ修道院で作られてからだとか。
上の飾りは修道院の中と外を隔てる鉄格子を表し、
名前は「硬い」を意味する「crosta（クロスタ）」から。
18世紀にハプスブルク家のマリア・テレジア女王に
捧げられて以来、世界中で愛されるようになった。

◎材料（直径15cmのタルト型／1台分）
基本のタルト生地（p173）…… 200g
好みのフルーツジャム …… 150g

◎作り方
1 タルト生地は打ち粉をした台に出し、めん棒で5mm厚さにのばす。バターを塗って薄力粉をはたいた（各分量外）型に敷き込み、好みのフルーツジャムを入れてヘラでならす。
2 余った生地を約1cm幅の帯状に切って数本作り、1に格子状に飾る。
3 180℃に温めたオーブンで約25分焼く。

修道院名：聖グレゴリオ・アルメーノ修道院（p188）
エリア：カンパーニャ州／ナポリ　カテゴリー：タルト・ケーキ
シチュエーション：家庭菓子、パスティッチェリア、バール・レストラン
構成：タルト生地＋フルーツジャム

Crostata di amarena

アマレーナのクロスタータ

酸味が爽やかなフレッシュタルト

アマレーナはサワーチェリーのこと。
古代ローマ時代から栽培されており、
キリスト教ではその色からキリストの血の象徴とされた。
旧約聖書に登場する重要な果実で宗教画にも。

◎ 材料（直径18cm タルト型／1台分）

サブレ生地
- 薄力粉 …… 100g
- バター（常温に戻す）…… 50g
- グラニュー糖 …… 30g
- 卵黄 …… 1個分
- レモンの皮すりおろし …… 1/4個分
- 塩 …… ひとつまみ

基本のカスタードクリーム（p174）…… 150g
さくらんぼのシロップ漬け* …… 250g

◎ 作り方

1 サブレ生地を作る。ボウルに薄力粉と常温に戻したバターを入れ、指先で手早くすり混ぜる。残りの材料を加えて手でこね、ひとまとまりになったらラップをして1時間、冷蔵庫で休ませる。

2 軽く打ち粉をした台に1を出してめん棒で3mm厚さにのばし、バターを塗って薄力粉をはたいた（各分量外）型に敷き込む。オーブンシートを広げて重石をのせ、180°Cに温めたオーブンで20分、重石を外して10分焼き、粗熱を取る。

3 カスタードクリームを流し入れて平らにならし、シロップを切ったさくらんぼのシロップ漬けを並べる。

*さくらんぼのシロップ漬け

◎ 材料と作り方

1 さくらんぼ250gは軸を取り、種取り器があれば種を取る。
2 鍋にグラニュー糖25gと水125mℓを入れて中火にかけ、グラニュー糖が溶けたら火からおろす。
3 1と2を保存瓶に入れてふたをし、脱気する。布を巻いて水を張った鍋に入れる。火にかけて沸騰したら約15分加熱し、火からおろしてそのまま冷ます。
4 湯から取り出し、冷暗所で約1か月休ませたら食べごろ。

修道院名：不明
エリア：イタリア全土　カテゴリー：タルト・ケーキ
シチュエーション：家庭菓子、パスティッチェリア、バール・レストラン
構成：サブレ生地＋カスタードクリーム＋さくらんぼのシロップ漬け

Torta delle Monache

修道女のケーキ

修道女の朝食の定番、シンプルな焼き菓子

イタリア人の朝ごはんは甘いもので始まるが、それは修道院も一緒。
郊外の修道院では、果物だけでなく粉や卵など菓子を作る材料も自給自足で、
自家製の材料で作られるシンプルな焼きっぱなしの菓子は朝食やおやつの定番。
オリーブオイルで作るため軽い食感で、リンゴなど季節の果物を焼きこんでも。

◎材料（直径15cmの丸型／1台分）
薄力粉 …… 100g
グラニュー糖 …… 50g + 30g
オリーブオイル …… 65mℓ
牛乳 …… 65mℓ
卵黄 …… 1個分
卵白 …… 1個分
ベーキングパウダー …… 4g
レモンの皮すりおろし …… 1/2個分

◎作り方
1 ボウルに卵黄を入れ、グラニュー糖50g、レモンの皮を加えて泡立て器で混ぜ合わせ、白っぽくふんわりとしたらオリーブオイル、牛乳の順に加え、その都度混ぜ合わせる。
2 薄力粉とベーキングパウダーを加え、ヘラでよく混ぜ合わせる。
3 別のボウルに卵白を入れ、グラニュー糖30gを数回に分けて加えながら8分立てにし、2に2回に分けて加えながら、ヘラでさっくりと混ぜる。
4 バターを塗って薄力粉をはたいた（各分量外）型に流し込み、170°Cに温めたオーブンで約30分焼く。

修道院名：不明
エリア：イタリア全土　カテゴリー：タルト・ケーキ　シチュエーション：家庭菓子
構成：薄力粉＋砂糖＋牛乳＋オリーブオイル＋卵

Torta delle Monache con ricotta

修道女のリコッタケーキ

粉を使わないグルテンフリーのチーズケーキ

修道院の普段のおやつは、少ない材料でおいしいものを作るのが基本だった。
アーモンドやリコッタは今でこそ高価な食材だが、かつては精製された白い小麦粉より
よっぽどリーズナブルで修道院には常備されている食材であった。
粉を使わないこのケーキは、やわらかく口の中でほろっと崩れて軽い食感。

◎材料（直径15cmの丸型／1台分）

リコッタ …… 150g
卵 …… 2個
グラニュー糖 …… 75g
アーモンドパウダー …… 75g
レモンの皮すりおろし …… 1/2個分
リキュール（ストレーガ、ラム、ヴィンサントなど）…… 小さじ1

◎作り方

1 リコッタはざるで一晩水気をきり、裏ごしする。
2 ボウルに卵とグラニュー糖を入れ、もったりするまでミキサーで攪拌する。アーモンドパウダー、**1**の順に加えながらその都度泡立て器でよく混ぜ、レモンの皮とリキュールを加え混ぜる。
3 オーブンシートを敷いた型に流し入れ、170°Cに温めたオーブンで約30分、150°Cに下げて約10分焼く。すぐでもよいが、一晩休ませて軽く温め直してもおいしい。

修道院名：不明
エリア：イタリア中～南部　カテゴリー：タルト・ケーキ　シチュエーション：家庭菓子
構成：リコッタ＋卵＋アーモンドパウダー＋砂糖

Torta di mele

リンゴのケーキ

フランスから北イタリアに伝わった優しいケーキ

1300年頃にフランスの修道院で作られたケーキが原型。
当時貴重だった砂糖が足りない時には、
ハチミツや炒め玉ネギで甘みを出していたという。
その後、何世紀にもわたって何百とレシピが変わり、
現在はリンゴの量、水分量、粉の種類などが異なる
レシピが数えきれないほど存在している。
やわらかなフランのような優しい味わいのケーキは
イタリア北部の修道院に伝わるもの。

◎**材料**（直径18cm の丸型／1台分）
リンゴ …… 150g
薄力粉 …… 80g
グラニュー糖 …… 70g
卵 …… 2個
牛乳 …… 130mℓ
ベーキングパウダー …… 10g
レモンの皮すりおろし …… 1/2個分

◎**作り方**

1. リンゴは皮をむいて芯を除き、縦薄切りにする。オーブンシートを敷いた型にリンゴを並べる。
2. 牛乳を人肌に温めてベーキングパウダーを溶かす。
3. ボウルに卵を入れて泡立て器でよく溶きほぐし、グラニュー糖、薄力粉、2、レモンの皮の順に入れながら、その都度よく混ぜ合わせる。
4. 1に流し込み、170℃に温めたオーブンで約25分焼く。

修道院名：不明
エリア：イタリア北部各地　カテゴリー：タルト・ケーキ
シチュエーション：家庭菓子、パスティッチェリア
構成：リンゴ＋薄力粉＋砂糖＋卵＋牛乳

Torta dei Benedettini all'arancia

ベネディクト会のオレンジケーキ

オレンジの風味を丸ごととじ込めた香り豊かなケーキ

シチリア東海岸、エトナ山のふもとの街カターニャは赤オレンジの名産地。そのエトナ山の火山灰の栄養をたっぷりと含んだオレンジを丸ごと使った、カターニャのベネディクト会に伝わる香り高いケーキ。ヨーロッパ第2位の敷地面積を誇る巨大な修道院は現在は大学となっているが、ガイドツアーで見学可能。かつての強大なる教会の権力を実感できる。

◎材料（直径15cmの丸型／1台分）

オレンジ …… 1/2個（75g）
卵黄 …… 1個分
卵白 …… 1個分
グラニュー糖 …… 35g
アーモンドパウダー …… 65g
オリーブオイル …… 35mℓ
薄力粉 …… 35g
ベーキングパウダー …… 5g

◎作り方

1 よく洗ったオレンジは皮ごとフードプロセッサーに入れ、ペースト状に攪拌する。
2 ボウルに卵黄、グラニュー糖の半量を入れて泡立て器でよく混ぜ合わせ、アーモンドパウダー、オリーブオイル、1の順に加えて、その都度よく混ぜ合わせる。
3 薄力粉とベーキングパウダーを加え、ヘラで均一になるまで混ぜ合わせる。
4 別のボウルに卵白を入れ、残りのグラニュー糖を3回に分けて加えながら泡立て器で8分立てにする。3に2回に分けて加えながら、その都度ヘラでさっくり混ぜる。
5 バターを塗って薄力粉をはたいた（各分量外）型に流し入れ、170°Cに温めたオーブンで約25分焼く。

修道院名：聖ニコロ修道院（p188）
エリア：シチリア州／カターニャ　カテゴリー：タルト・ケーキ
シチュエーション：家庭菓子、パスティッチェリア
構成：卵＋砂糖＋アーモンドパウダー＋オリーブオイル＋薄力粉＋オレンジ

Biscotti al latte

牛乳のビスコッティ

朝食用のしっかり硬いビスコッティ

シチリア州エリチェの修道院のもので、セモリナ粉はシチリアの特徴の一つ。
長期保存のためにしっかりと中まで焼いて乾燥させたビスコッティはとても硬く、
牛乳に浸して食べるのが習慣。当時は朝食用に作られていたが、
現在もエリチェの街のパスティッチェリアで味わえる。

◎材料（12本分）

A
- セモリナ粉 …… 125g
- 薄力粉 …… 125g
- グラニュー糖 …… 75g
- アンモニアカ …… 10g
- バニラパウダー …… 適量

バター（常温に戻す）…… 50g
牛乳 …… 90mℓ

◎作り方

1 ボウルにAを入れ、バターを加えて指ですり合わせる。

2 牛乳を少しずつ加えながら、こねないように手で一つにまとめ、ラップをして冷蔵庫で1時間休ませる。

3 生地を12等分にし、2×10㎝の棒状に成形して軽く手でつぶし、オーブンシートを敷いた天板に並べる。180°Cに温めたオーブンで約15分、表面に軽く焼き色が付くまで焼く。そのまま庫内に置いて冷ましながら、余熱で中まで乾燥させる。

修道院名：聖カルロ修道院（p189）
エリア：シチリア州／エリチェ　カテゴリー：ビスコッティ　シチュエーション：家庭菓子、パスティッチェリア
構成：セモリナ粉＋薄力粉＋砂糖＋バター＋牛乳

Paste di meliga

パステ・ディ・メリガ

ピエモンテ伝統のとうもろこし粉のビスコッティ

プチプチしたとうもろこし粉の食感が楽しく、十字の切り込みは十字架を表す。
イタリア人修道士のエンツォ・ビアンキ氏によって1965年に設立された
ピエモンテのボーズ修道院で、伝統菓子として受け継がれている。
さまざまな宗派が集うこの修道院は、外で働くことも許される新時代の修道院でもある。

◎材料（約32個分）

A
- とうもろこし粉 …… 125g
- 薄力粉 …… 60g
- グラニュー糖 …… 75g

バター（常温に戻す）…… 60g
卵黄 …… 1個分
レモンの皮すりおろし …… 1/2個分
塩 …… ひとつまみ

◎作り方

1. ボウルにAを入れて軽く混ぜ、バターを加えてヘラですり混ぜる。
2. 卵黄、塩を加えて手で一つにまとめ、レモンの皮を加えて軽くこねる。
3. 32等分にして丸め、オーブンシートを敷いた天板の上にのせる。手のひらで5mm程度の厚さにつぶし、楊枝を寝かすように置いて押し、十字に切り込みを入れる。160℃に温めたオーブンで18～20分焼く。

修道院名：ボーズ修道院
エリア：ピエモンテ州 / マニャーノ　カテゴリー：ビスコッティ　シチュエーション：家庭菓子、パスティッチェリア
構成：とうもろこし粉＋薄力粉＋砂糖＋バター＋卵黄

Pere al forno

洋梨のオーブン焼き

幸せの果実、洋梨の修道女に人気のおやつ

聖書の舞台となるパレスチナでは3〜4千年前から植わっていたとされる洋梨。キリスト教上で至福や幸福を意味し、聖母子像とともに描かれた絵画やフレスコ画が多く残っている。ワインとスパイスでオーブン焼きにするのがいかにも修道院らしく、修道女にも人気のおやつ。

◎材料（4人分）
洋梨 …… 250g
グラニュー糖 …… 30g
ワイン（白でも赤でも）…… 100mℓ
シナモンスティック …… 約5cm
クローブ（ホール）…… 2個
ナツメグパウダー …… 小さじ1/8

◎作り方
1 洋梨は縦4等分に切って皮をむき、種と周りの硬い部分をスプーンで取り除き、耐熱容器に並べ入れる。
2 鍋にワイン、グラニュー糖、スパイス類を入れ、弱火にかけて混ぜながらグラニュー糖を溶かし、1に注ぐ。
3 180℃に温めたオーブンで約15分焼き、一度取り出して上下を返す。再びオーブンで約15分焼く。

修道院名：不明
エリア：イタリア全土　カテゴリー：スプーン菓子　シチュエーション：家庭菓子
構成：洋梨＋砂糖＋ワイン＋スパイス類

Mele cotte

リンゴの白ワイン煮

アマレッティとワインが香る煮リンゴ

キリスト教においてリンゴの木は「知恵の木」とされ、アダムとイブが食べてしまった
禁断の果物だったことから特別な意味を持ち、かつての修道院の庭には必ず植えられていた。
旬となる冬にはさまざまな方法で調理されていたが、その代表がこの白ワイン煮。
詰めるのはオレンジなどの果物のジャム、クルミ、ラムなど作る人の好みで変わり、
きっと寒い冬の修道院の小さな楽しみだったのであろう。

◎**材料**（4人分）
リンゴ …… 小2個（400g）
アマレッティ …… 15g
干しブドウ …… 15g
グラニュー糖 …… 20g
リキュール（キルシュなど）…… 15mℓ
白ワイン …… 130mℓ
バター …… 10g

◎**作り方**

1 リンゴはよく洗い、縦半分に切り芯を取り除く。

2 アマレッティを砕いてボウルに入れ、干しブドウとリキュールを加え混ぜる。1のリンゴの芯を取り除いた部分に詰め、耐熱容器に並べる。

3 白ワインを注ぎ、バターを小さく切ってそれぞれのリンゴの上にのせ、グラニュー糖をふる。180°Cに温めたオーブンで約30分、時々取り出してリンゴに焼き汁をかけながら焼く。

修道院名：不明
エリア：イタリア北部　カテゴリー：スプーン菓子　シチュエーション：家庭菓子
構成：リンゴ＋アマレッティ＋白ワイン＋砂糖

Bianco mangiare

ビアンコ・マンジャーレ

アラブ人由来の“白い食べ物”

本書にも何度となく登場するビアンコ・マンジャーレは、「白い食べ物」という意味で、その歴史をたどると9世紀のシチリア島アラブ人支配時代まで遡る。乳製品やハチミツは、かつて富を象徴する食べ物とされたが、オリジナルはアーモンドミルクから作られていたとか。そのまま食べる以外に、タルトの詰め物やクリームとして使われることも多い。

◎材料（直径14cmのプリン型／1個分）
牛乳 …… 250mℓ
グラニュー糖 …… 50g
コーンスターチ …… 25g
ピスタチオダイスまたはアーモンドダイス
（飾り用）…… 適宜

◎作り方
1 鍋に牛乳200mℓ、グラニュー糖を入れる。
2 ボウルにコーンスターチ、残りの牛乳を入れて泡立て器で混ぜ、完全に溶かす。
3 1に加えて弱火にかけ、泡立て器で混ぜながら加熱する。クリーム状になったらプリン型に注ぎ入れ、粗熱が取れたら冷蔵庫で2時間冷やす。
4 型から出し、好みでピスタチオダイスまたはアーモンドダイスを飾る。

修道院名：聖カテリーナ修道院（p188）
エリア：シチリア州／パレルモ　カテゴリー：スプーン菓子　シチュエーション：家庭菓子、バール・レストラン
構成：牛乳＋砂糖＋コーンスターチ

Riso al latte

米の牛乳煮

修道女から子どもまで愛されるシンプルな一皿

現在は家庭の子どものおやつの定番だが、かつての乳と蜜（ハチミツ）は神の恵みであり、富を象徴するものとして聖書に何度となく登場している。宗教画でもマリア様がキリストに授乳しているシーンがよく描かれることからも、乳への崇拝が感じられる。時には松の実と干しブドウを加えて風味を増やしたり、アーモンドミルクで作られることも。

◎材料（2人分）

米（あればカルナローリなどイタリア米）…… 50g
牛乳 …… 300mℓ
グラニュー糖 …… 30g
A
　シナモンパウダー …… ひとつまみ
　レモンの皮 …… 1/4個分
　バニラパウダー …… ひとつまみ
　塩 …… ひとつまみ
シナモンパウダー、ハチミツ …… 各適宜

◎作り方

1 鍋に牛乳、Aを入れて中火にかける。気泡が上がってきたら米とグラニュー糖を加え、時折混ぜながら約15分、米がやわらかくなるまで煮る。硬ければ牛乳を少しずつ加え、さらに煮る。

2 皿に盛り、好みでシナモンパウダーをふり、ハチミツを添える。

修道院名：不明
エリア：イタリア全土　カテゴリー：スプーン菓子　シチュエーション：家庭菓子
構成：米＋牛乳＋砂糖

修道院の果実と保存食作り

聖書にはアダムとイブの物語でおなじみの楽園のリンゴをはじめ、イチジク、ブドウ、ザクロといった多くの果物が登場し、リンゴは「知恵」、イチジクは「豊かさ」の象徴とされるように、それぞれが意味を持って描かれている。自給自足を目指す修道院の庭園には、そうした聖書に出てくる果物を中心に、春のイチゴ、夏の杏や桃、秋のカリンやリンゴ、そして冬にはオレンジというように、1年を通して収穫ができるようさまざまな果物の木が植えられている。その量は修道院での毎日の食事のデザートとして消費できる量ではないほどだった。

中世になって東方からヨーロッパに砂糖が入ると、砂糖と一緒に煮込むジャムやコンポートが作られるようになり、果物の保存が可能になる。当時の砂糖は、結核などの治療薬として扱われるとても貴重なものだった。食材の薬効性について詳しい知識を持つ修道士は、砂糖と数種の果物、ショウガやシナモンなどのスパイス類を合わせることで、当時はジャムやコンポートを薬として使用していたのだとか。時が経ち、砂糖が入手しやすくなると、そうした果物の保存食はクロスタータ（p153）などの菓子に使われるように。そんな修道院の保存食作りは現在まで受け継がれ、修道院では朝食に欠かせない存在となっている。

本書でも果実の保存食を使った菓子を紹介している。以下の2つのレシピは、現在のイタリアの家庭でも、定番として作り続けられているものだ。

Mostarda Bolognese

モスタルダ・ボロネーゼ

◎**材料と作り方**（作りやすい分量）

1 リンゴ500g、洋梨200gは皮や芯を除いて薄切り、オレンジ200gは皮と白い部分を除いて一口大に切る。ドライプルーン100gは粗く刻む。

2 1、レモンの果汁と皮各1/2個分、マスタードシード小さじ1、グラニュー糖300gを厚手の鍋に入れて木ベラで混ぜ、ふたをして12時間休ませる。

3 水250gを加えて中火にかけ、沸騰したら弱火にし、頻繁に混ぜながら約20分、汁気がなくなるまで煮る。

4 ブレンダーでなめらかになるまで攪拌する。

Zuccata

ズッカータ

◎**材料と作り方**（作りやすい分量）

1 長ズッキーニ250gは中綿と種を除き、10㎝長さ、1㎝幅に切る。

2 沸湯した湯に1を入れ、弱火でやわらかくなるまで約5分煮る。ざるに上げてそのまま冷蔵庫に24時間置き、しっかり水気をきって2㎜角に切る。

3 鍋に入れて弱火で5〜10分煮て、水分が完全に飛んだらグラニュー糖250gを加え、時々混ぜながら全体が透明になってツヤが出るまで15〜20分煮る。

中庭に植えられた果樹の実は食料や薬に使うという実益を目的としたが、一方で修道院の回廊は修道士たちの瞑想の場でもあり、木々を眺めて心を安らげ落ち着かせるといった修道士の精神的な側面を満たすものとしても、重要な意味を持っていた。

修道院でのジャム作りは果物本来の甘みを生かすため、ペクチンや保存料などの添加物は加えない。マルメロ、カキ、サンブーコ、トマトなど現在では栽培が少なくなった果実やハーブ、野菜を使った珍しいジャムも。写真はフィレンツェ郊外にあるカルトジオ会のカルトジオ修道院（p188）で販売されているもの。

修道院の暮らし

本書では中世を中心に修道院の歴史を解説してきたが、現在の修道院での暮らしはどのようなものだろうか。修道女に直接話を聞ける貴重な機会をもらい、私が住むシチリア島最西端のトラーパニ近くの修道院を訪れた。

中世に栄えた山上の街エリチェにある聖クララ会の観想修道院（p14）、サクロ・クオーレ修道院。小さな教会に隣接した修道院の入り口はとても簡素で、チャイムを押すとオートロックが開いた。小さな応接室に通され、格子の向こうから迎えてくれたのは修道院長のダニエラだ。ジェノヴァ出身の彼女は聖フランチェスコの教えに共感し、アッシジの聖クララ会の修道院を経て現在に至る。

この修道院では30〜80歳の修道女10人が共同生活を送り、ベネディクト会会則にある「祈り、働け」に基づいた時間割に沿って1日の生活を営んでいる。修道院での仕事とは、自給自足のための畑仕事、食事作り、修道院内の掃除や整備の他、刺繍、蝋細工、菓子など修道院の運営維持のための商品作りなど多岐に及ぶという。ちなみにダニエラのPCを駆使した仕事ぶりは、現代ならではだ。

気になる食事は1日3回で、朝食はパンとカフェラッテ、昼食と夕食は豆や野菜料理を中心にした料理2皿を食べる。菓子はというと、日曜や祝祭日、または信者から差し入れがあった時に食べるという。菓子自体は禁じられてはいないが、大切なのは皆で分かち合って節度を持って食べることで、独り占めして暴食するのはキリスト教の7つの大罪のうちの一つにあたるらしい。かつては祈りと労働のみだったという修道院の生活だが、現在は夕食の後に皆で語り合う時間もあるという。

修道院の中だけで暮らす彼女たちだが、1日に唯一修道院から出る時間が教会で行われる礼拝の時だ。教会の中には前方と後方を仕切るように鉄格子の扉があり、修道女たちは祭壇近くの格子の向こうで祈りを捧げ、外部からの参加者は鉄格子より手前に参列する。修道院における鉄格子は、聖域と俗世界を分けるという、大きな意味を持つものなのだ。

観想修道院であるため中に入ることはできなかったが、写真を見せてもらうと、改装されたという内部は明るく暖房設備もある。そして今回話をしてくれたダニエラは快活でよく話す女性であり、私のこれまで抱いていた修道院のイメージとは大きく異なるものだった。2時間ほど話を聞き修道院を後にしたのだが、心が浄化され清々しい気分になった。

6世紀を起源とするイタリアの修道院は、キリストを信仰し祈るという基本は守りつつ、時代に合わせて少しずつ生活様式を変えながら現在に至っている。それはいつの時代にも救いを求め信仰する人々にとって必要な場所であり、今後もきっと続いていくのだろう。

写真3点とも、フィレンツェ郊外にあるカルトジオ会のカルトジオ修道院（p188）。教会での礼拝以外の時間は個室で一人祈りを捧げ、仕事や勉学に勤しむ。室内には運動不足解消のための廊下を併設。

寝室には簡素なシングルベッドもある。

修道院のある一日（聖クララ会の場合）

5：45	起床	15：00	仕事
6：15	祈り	16：30	祈り
6：45	瞑想	18：00	礼拝
8：00	朝食	19：00	夕食
9：00	仕事	21：00	祈り
11：30	祈り	22：00	就寝
12：30	昼食	0：00	祈り（水・金・祝日）

書斎の壁と一体になり、鉄製の一本足で支えられた小さな机。修道院では研究や勉学が仕事の一環とされていた。

Capitolo 4

菓子作りのために知っておきたいこと

基本のレシピ

◎スポンジ生地

Pan di spagna

パン・ディ・スパーニャ

本来のパン・ディ・スパーニャは卵黄と卵白を別立てにして作るが、本書では多くの菓子のベースに使えるよう共立てを採用。片栗粉が加わることで軽さが出てシロップを吸いやすい生地に。

◎材料（350g分・直径20cmの丸型／1台分）

卵（常温に戻す）…… 4個
グラニュー糖 …… 120g
薄力粉 …… 80g
片栗粉 …… 40g

◎作り方

1 ボウルに卵を割り入れ、グラニュー糖を数回に分けて加えながらミキサーで攪拌する。

2 もったりしてきたら、合わせてふるった薄力粉と片栗粉を一気に加え、ヘラでなめらかになるまでよく混ぜる。

3 オーブンシートを敷いた型に流し入れ、180℃に温めたオーブンで20〜25分焼く。

●本書で使用する菓子
カッサータ・シチリアーナ → p53
トリオンフォ・ディ・ゴーラ → p133

◎タルト生地

Pasta frolla

パスタ・フロッラ

常温に戻したバターに砂糖、卵、粉を順に加えて練っていく手法が一般的だが、イタリアではよりサクサク感を出すために、あらかじめ冷やしたバターと粉をすり混ぜることが多い。本書では、より作りやすく扱いやすいレシピに。

◎材料（約500g分）

薄力粉 …… 250g
粉糖（またはグラニュー糖）…… 100g
バター（1cm角にして冷やす）…… 125g
溶き卵 …… 2個分

◎作り方

1 ボウルに薄力粉を入れ、1cm角に切って冷やしたバターを加える。バターが溶けないように手早く指先ですり混ぜる。

2 粉糖を加えて手で軽く混ぜ、溶き卵を加えて一つにまとめる。

3 ラップをして冷蔵庫で1時間休ませる。

＊冷蔵庫で3〜4日、冷凍庫で1か月間保存可能。冷凍した場合、冷蔵庫で自然解凍して軽く練ってから使用する

●本書で使用する菓子
パスティエーラ → p49
修道士の小舟 → p61
クロスタータ → p153

ARTICOLO

パン・ディ・スパーニャとパスタ・ジェノヴェーゼの違い

イタリアには主に2種類のスポンジ生地がある。上で紹介したパン・ディ・スパーニャは「スペインのパン」を意味し、ジェノヴァの菓子職人がスペイン王家のために作ったことに由来。卵黄と卵白は別立てでバターは入らないので、軽やかでややパサッとした仕上がりだ。一方パスタ・ジェノヴェーゼは「ジェノヴァ風の生地」という意味で、ジェノヴァの菓子職人が全卵を泡立て、溶かしバターを加えて作ったところから、その名が付いた。しっとりとして生地を味わえる良さがある。現在は、両者の良いところを合わせたレシピが多いが、伝統的なパスティッチェリアは菓子によって作り分けている店も多い。

◎グラッサ

Glassa

グラッサ

ここでは模様を描ける程度の硬めのレシピだが、全体をコーティングする場合は、卵白を少しずつ加えながら適当な硬さに緩める。色を付ける場合は食用色粉を少量の水で溶き、少しずつ加え色味を調整する。

◎材料（約90g分）

粉糖 …… 75g
卵白 …… 15g
レモン果汁 …… 小さじ1/2

◎作り方

1 粉糖はふるう。
2 ボウルに卵白とレモン果汁を入れ、泡立て器で軽く攪拌する。大きな気泡が立ってきたら粉糖を少しずつ加えながら、ツヤが出てもったりするまで攪拌する。

● 本書で使用する菓子
クワレジマーリ（リグーリア）→ p42
カッサータ・シチリアーナ → p53
ディヴィーノ・アモーレ → p65
ラッフィオーリ → p65
ヌカートリ → p75
聖イラリオの小さな靴 → p89
聖ピエトロの鍵 → p95
モンレアーレのビスコッティ → p119
聖キアラのファッチューナ → p121
ムックネッティ → p129
ソスピーリ → p137

◎カスタードクリーム

Crema pasticcera

クレーマ・パスティッチェーラ

さまざまな生菓子のベースとなるクリーム。気泡が上がってきてすぐにバットに移せば緩めに、しっかりと炊き上げれば硬めのクリームにと、用途に応じて硬さを調整する。イタリア人は後者を好む人が多い。

◎材料（約350g分）

卵黄 …… 40g
グラニュー糖 …… 50g
薄力粉 …… 20g
牛乳 …… 250mℓ
レモンの皮 …… 1/4個分

◎作り方

1 鍋に牛乳、レモンの皮を入れ、沸騰直前まで沸かす。
2 別の鍋に卵黄とグラニュー糖を入れて泡立て器で白っぽくなるまで混ぜ、薄力粉を加えてなじむまで混ぜる。
3 1からレモンの皮を除き、泡立て器で混ぜながら2に少しずつ加える。
4 3の鍋を弱火にかけ、泡立て器で混ぜる。鍋底から気泡が上がって表面にツヤが出てきたら、火からおろしてバットに流し込み、そのまま冷ます。すぐに使わない場合は、クリームの表面にラップをぴたりとかけ、冷蔵庫で保存する。

＊冷蔵庫で2日ほど保存可能。使う時はヘラで混ぜてから使用

● 本書で使用する菓子
聖ジュゼッペのゼッポレ → p47
レ・モナキーネ → p125
ソスピーリ → p137
アマレーナのクロスタータ → p155

◎リコッタクリーム
Crema di ricotta
クレーマ・ディ・リコッタ

南イタリアでは羊乳のリコッタを使うことが多く、羊の臭みを消す意味でもグラニュー糖はリコッタの40～50%の量を入れ、甘みを強くする。日本のリコッタは牛乳なので、本書ではグラニュー糖の量は20%に。

◎材料（240g分）
リコッタ …… 200g
グラニュー糖 …… 40g

◎作り方
1 リコッタを裏ごししてボウルに入れる。
2 グラニュー糖を加え、泡立て器でなめらかになるまで練り混ぜる。

●本書で使用する菓子
復活祭のカッサテッレ → p51
カッサータ・シチリアーナ → p53
使徒の指 → p57
聖マルティーノのビスコッティ → p59
リコッタと洋梨のタルト → p101
ラヴァッツァーテ・ディ・リコッタ → p131

◎マジパン生地
Pasta di mandorle/marzapane
パスタ・ディ・マンドルレ（マルツァパーネ）

伝統的なマジパンは保存菓子用の熱を入れるタイプだが、最近では生菓子に使う場合は、簡略レシピを使うことが多い。生菓子用は熱を加えず、なめらかな生地にするため粉糖を使用。

A　生菓子用
◎材料（約250g分）
アーモンドパウダー …… 125g
粉糖 …… 125g
卵白 …… 30g
ビターアーモンドエッセンス …… 3滴程度

◎作り方
1 アーモンドパウダーと粉糖をフードプロセッサーに入れ、ごく細かく挽く。
2 卵白を少しずつ加えながらフードプロセッサーを回し、一つにまとまったら取り出してアーモンドエッセンスを加えて軽く練る。

＊冷蔵庫で1週間保存可能

●本書で使用する菓子
カッサータ・シチリアーナ → p53

B　保存菓子用
◎材料（約500g分）
アーモンドパウダー …… 250g
グラニュー糖 …… 250g
水 …… 65mℓ
ビターアーモンドエッセンス …… 1滴程度
粉糖 …… 適量

◎作り方
1 アーモンドパウダーをフードプロセッサーに入れ、ごく細かく挽く。
2 鍋にグラニュー糖、分量の水を入れて中火にかけ、120°Cになるまで加熱する。
3 1を加えてヘラでよく混ぜる。一つにまとまったら粉糖をたっぷりふった台に出し、アーモンドエッセンスを加えてヘラで練る。
4 さわれる程度まで冷めてきたら、手でなめらかになるまでこねながら冷ます。

＊常温で1か月間保存可能

●本書で使用する菓子
聖アガタの小さなオリーブ → p29
フルッタ・マルトラーナ → p55
クオーレ → p81
パスタ・ディ・マンドルレ → p84

材料について

◎粉類

日本の粉の分類はたんぱく質（水と合わさることでグルテンを形成する）の含有量が少ない順に薄力粉、中力粉、強力粉と分類されるが、イタリアの小麦粉はたんぱく質の含有量には関係なく、まず「軟質小麦」か「硬質小麦」で大きく区分される。

●軟質小麦

主に気温が低く、降水量が多くて湿度の高い北部で栽培。粒が比較的やわらかい。菓子、生パスタ、パンとオールマイティに使われる。含まれる灰分（かいぶん）*により「00（>0.55%）」「0（>0.65%）」「1（>0.80%）」「2（>0.95%）」「integrale（インテグラーレ＝全粒粉≒1.7%）」と分けられる。灰分量が多くなるにつれて粒子が粗くザラザラとし、たんぱく質含有量も増える。日本の薄力粉はイタリアの「00」にあたり、一般的に「00」は主に菓子に、「0」は発酵菓子やパンに使われることが多い。

＊小麦を燃やした時に残る灰の量のこと。灰分は小麦の外側にいくほど多く含まれ、逆に内側は少ない。外皮に加え胚芽部分にも多く含まれ、灰分が多く含まれる粉は灰色っぽい。

●硬質小麦

気温が高く、降水量が少なく乾燥している南部で栽培。軟質小麦に比べて粒が硬い。イタリアでは2度挽きの細かいものを「semola rimacinata（セモラ・リマチナータ）」（A）、それよりも若干粗めに挽いたものを「semolino（セモリーノ）」または「semola（セモラ）」と呼ぶ。硬質小麦は一般的に流通している軟質小麦よりもたんぱく質の含有量が多く、色が黄色い。乾燥パスタ、生パスタ、パンに加え南イタリアの伝統菓子にも使われる。なお日本で一般的に「セモリナ粉」として流通するものは、イタリアのセモラ・リマチナータとセモリーノの中間くらいのもの。より現地の味に近づけたいなら、専門店やネット販売でセモラ・リマチナータを入手するとよい。

●マニトバ粉（B）

たんぱく質含有量が多い品種の軟質小麦から作られる粉。主にパンや発酵菓子に使用。カナダのマニトバという地域で主に生産されていたことからこの名が付いた。日本では強力粉で代用可能。

●とうもろこし粉

乾燥したとうもろこしを製粉機で挽き割ったもの。日本のコーンミールを指す。主に北部で使用されるのは、寒い地方では小麦が育たず、寒さに強いとうもろこし栽培がさかんになったため。ロンバルディアやヴェネトでは菓子にも頻繁に使われ、粒子が粗く加熱時間が長いためプチプチ、ザラザラとした食感を楽しめる。伝統的には粗挽き（C）だが、現在は細挽き（D）もある。

●そば粉（E）

土地が痩せ小麦が育ちにくい、ロンバルディアからトレンティーノ＝アルト・アディジェにかけたアルプス山脈ふもとの寒冷地で栽培。グルテンフリー食品としても近年注目されている。日本では国産のそば粉で代用可能。

●栗粉（F）

ピエモンテからトスカーナにかけて南北に走るアペニン山脈沿いの地域でよく使われる。収穫した栗の皮を取り除き乾燥させ、細かく挽いて粉にしたもので、栗が収穫される秋になると店頭に並び始めるが、生産量が少なく早々に売り切れることも。粉自体に少し甘みがあり、栗粉を使った菓子は加熱すると独特のねっちりとした食感になる。

●アーモンド粉（G）・ピスタチオ粉（H）

アーモンドは南部（特にシチリア島）で、ピスタチオは特にシチリア島北東部のブロンテで収穫され、それぞれ皮をむいて粉砕する。アーモンド粉は、現在はイタリア全土で使われる。ピスタチオ粉が手に入らない場合は、殻をむいたピスタチオをフードプロセッサーで細かく挽くとよい。

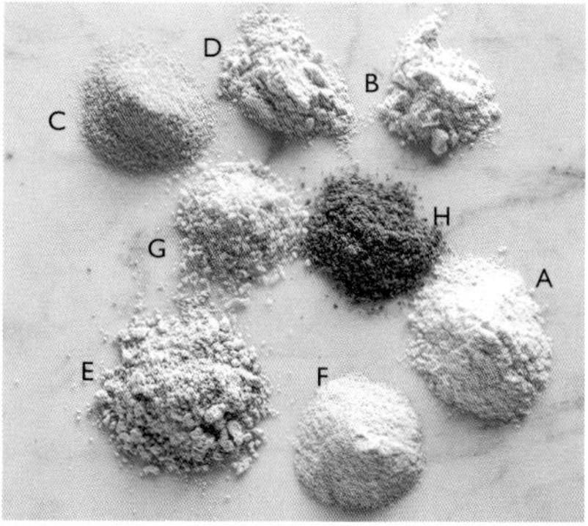

◎麦類

南イタリアでは硬質小麦は粉にせず、そのままゆでて使うことも多い。硬質小麦は浸水時間が3日と長いため、イタリアでは「グラノコット」と呼ばれる既にゆでた小麦がスーパーなどで手軽に手に入る。日本では硬質小麦の粒を入手することが難しいので、好みの麦をやわらかくゆでて代用可能。

◎甘味料

一般的に菓子にはグラニュー糖、デコレーションには粉糖が使われる。特にリピエーノには、古くから伝わる菓子に伝統的に甘みとして使われてきたハチミツや、ブドウ汁を煮詰めたビンコット（モストコット、サパとも呼ばれる）が使われることが多い。ハチミツはイタリア全土で生産されるが、北部ならアカシア、南部ならオレンジの花の蜜が、くせもなく使いやすい。

◎卵

イタリアでは飼育環境とサイズによる分類をパッケージに表示する義務がある。飼育環境による分類は、「0」＝放し飼いかつエサに有機農作物を使用、「1」＝放し飼い、「2」＝屋内にある大きな養鶏場で飼育、「3」＝鶏舎で飼育、の4つに分類される。サイズによる分類は、「XL」＝73g以上、「L」＝63g以上、「M」＝53g以上、「S」＝53g未満。一般的にスーパーなどに流通しているのは1〜3のM〜L。本書ではMを使用。

◎牛乳・生クリーム

イタリアの牛乳は、常温で3か月間保存可能な「超高温瞬間殺菌（UHT）」のロングライフのものか、パッケージされてから冷蔵保存で1週間弱を賞味期限とした「高温短時間殺菌（HTST）」かに分けられる。それぞれは乳脂肪分により、3.5%以上の全脂肪（intero＝インテロ）、1.5〜1.8%の低脂肪（parziarmente scremato＝パルツィアルメンテ・スクレマート）、0.5%以下の無脂肪（scremato＝スクレマート）に分類される。冷蔵保存タイプは賞味期限が短いため、一般的に家庭で使用する場合は常温保存可能なロングライフのものを好む人が多い。また最近の家庭では低脂肪が人気だが、パスティッチェリアでは全脂肪を使うことが多い。スーパーなどで入手できる生クリームの乳脂肪分は35%程度。イタリアには乳糖不耐症の人が多いため、牛乳も生クリームも乳糖を抜いたもの（senza lattosio＝センツァ・ラットジオ）が一般的に販売されている。

◎油脂

●動物性油脂

イタリアのバターは基本的に無塩で、本書でも無塩バターを使用。南部では、豚の背脂（ラード）を菓子に使用することが多い。ストゥルットは豚の背脂を一度火にかけて溶かして、水分を蒸発させ再度固めたものだが、イタリアではスーパーで手軽に入手できる。ストゥルットを使うとサクサク感が増すので人気が高い。揚げ油としても使用。

●植物性油脂

菓子における植物性油脂はオリーブオイルで、特に南部で使用。揚げ油は伝統的にはオリーブオイルを使用していたが、現在は食感を軽くするためにピーナッツオイル、コーン油、ひまわり油なども。日本ではサラダ油で代用可。

◎果物

気候が温暖な南部で栽培されるレモンやオレンジなどのかんきつ類は、イタリア全土で広く使用される。砂糖煮にされたものを使うことが多く、皮のすりおろしは香り付けに。かんきつ類は冬に収穫し、マルメッラータ（マーマレード）にして保存する。北ではリンゴ、ベリー系、アプリコットなどを、旬の季節にはそのまま使い、それ以外ではジャムやコンポートにして使用する。

◎フルーツの砂糖煮・ドライフルーツ

オレンジ、レモン、チェードロ（白いワタの部分が多い巨大レモン）、ズッカ（瓜に似たフルーツ）、ドレンチェリーなどのフルーツの砂糖煮は、クリスマスなど重要な祝い菓子には欠かせない。ドライフルーツは、ブドウとイチジクがよく使われる。なお本書レシピの「オレンジの砂糖煮」は中世時代には大変高価なもので、日本で手に入る「オレンジピール」と同じものだが、イタリアではかたまりの状態で販売される。〜ピールで代用してもよいが、それぞれの菓子によって切り方が異なるため、本書では「〜の砂糖煮」で統一した。

◎チーズ類

●リコッタ（A）

菓子に使われるチーズの代表格。Re（リ＝再び）、cotta（コッタ＝煮た）という名の通り、チーズを作った後にできる乳清を再度火にかけて凝固剤を入れ、浮かび上がってきたものを指す。便宜上チーズに分類しているが、正確にはチーズではなくチーズの副産物だ。南部で羊のリコッタを使うことが多いのは、アラブ人が牧羊文化を持ち込んだことによる。本書で使用するチーズはリコッタのみ。

●マスカルポーネ（B）

生クリームを加熱してクエン酸を加え、水分と脂肪分を分離させたもの。脂肪分が高くクリーミーで、ティラミスなど生菓子に使われる。

●ペコリーノ（C）

羊（pecora＝ペコラ）の乳で作られたチーズ。通常は料理に使われるが、主に中部〜南イタリアで菓子にも使用することがある。熟成されつつ硬くなっていないフレッシュなペコリーノは、日本では羊のプリモサーレ（約10日熟成）が手に入りやすい。すりおろし（D）は熟成されたもの（6か月以上熟成）を使うか、手に入らなければパルミジャーノやグラナパダーノで代用も可能。

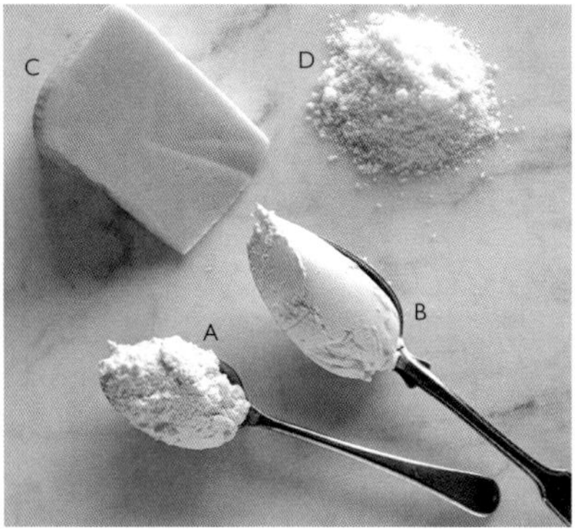

◎ナッツ類

●アーモンド

ナッツの中で最も使用頻度が高い。菓子に使われる生アーモンドは皮付き（A）と皮なし（B）の2種に分かれる。皮なしが手に入らない場合は、皮付きの生アーモンドを熱湯に20分ほど浸すと皮がむける。本書レシピにローストとあるものは、180℃のオーブンで10分ほどローストすると、市販のローストアーモンドを使うより、確実に風味の良い菓子に仕上がる。南イタリアを中心に温暖な気候の土地で栽培されるが、シチリア産が香り高く味も濃い。

●ヘーゼルナッツ（C）

イタリア中北部、特にピエモンテで使われることが多い。イタリアではピエモンテ産が良質とされる。本書レシピでは皮なし生ヘーゼルナッツを使用。ローストする場合は160℃のオーブンで10分ほど、油脂分が多いので焦げないように気を付けること。

●クルミ（D）・松の実（E）・ピスタチオ（F）

イタリア全土の丘陵地帯や山で採れるが、ピスタチオはシチリアが主な生産地。イタリアでは近年、松の実の生産量が減り、高価な食材となっている。いずれも菓子に使うのはローストしていない生の状態で、製菓材料店で購入できるものを使用。

◎スターチ（澱粉質）

とうもろこしから採れるコーンスターチ、じゃがいもから採れるフェーコラ・ディ・パターテ（片栗粉）が一般的。それぞれに性質が異なり、少量を使う場合には代用が可能だが、量が多い場合は大きく食感が異なることがある。南部では小麦から採れるスターチ（浮き粉）＝麦スターチを使うことが多く、凝固した時のねっとりとした特有の食感が楽しめる。麦スターチが手に入らない場合はコーンスターチで代用可能。

◎膨張剤・イースト

菓子作りでは、通常はベーキングパウダー（イタリアでは「lievito per dolci（リエヴィト・ペル・ドルチ）」）を使用。南部で、特にビスコッティにはアンモニアカと呼ばれる重炭酸アンモニウムがよく用いられる。イタリアでは発酵菓子にはビール酵母が使われるが、日本では生イーストで代用可能。

◎アルコール

それぞれの菓子発祥の土地で生産されるリキュールやワインが使われる。北部ではグラッパ、中部ではアルケルメス、南部ではリモンチェッロを多く使う。ワインが造られている地方では、その土地で醸造するワインを使ったレシピも多く、土地の風味が菓子にも反映される。全土でよく使われるのはマルサラ酒とラム酒。その他に使うアルコール類としては、アマレット、アニス酒、モスカートなどがある。中世には多くの修道院で薬草のリキュールが造られ、菓子にも使われていた。

◎スパイス

シナモン、クローブ、ナツメグは主にクリスマス菓子に、その他ではアニスシード、フェンネルシード、ごま、コショウが主に使われる。アラブ人支配の影響を受けたり東方貿易がさかんだったイタリアらしく、スパイスを使用する菓子は多い。かつては非常に高価だったが、それが手に入りやすい修道院菓子には特によく使われていた。一般的にはバニラビーンズは高価で入手が難しいため、バニラパウダーまたはバニラエッセンスが日常的に使われるが、パスティッチェリアではバニラビーンズを使うことも多い。

◎エッセンス類

よく使うのはビターアーモンドエッセンス、バニラエッセンス、オレンジフラワーウォーター。オレンジの花から抽出したオレンジフラワーウォーターは南イタリアの菓子によく使われるが、日本の製菓材料店ではオレンジフラワーエッセンスなどの名称でも販売。蒸留や抽出技術は紀元前のメソポタミアで生まれ、中世の修道院で大きく発展し、体系化された。

◎チョコレート・ココアパウダー

イタリアでは「cioccolato fondente（チョッコラート・フォンデンテ）」というビターチョコレートを使用。カカオの含有量は70%以上が好ましい。ココアパウダーはイタリア語で「cacao in polvere（カカオ・イン・ポルヴェレ）」で、無糖のものを使う。

◎パン粉

イタリアでは2種類あり、パンの皮部分を中心にしっかり乾燥させて細挽きにしたものを「pangrattato（パングラッタート）」、白くやわらかい部分を挽いたもの（日本でいう生パン粉）を「mollica（モッリーカ）」と呼ぶ。菓子に使うのは主にパングラッタートだが、日本では生パン粉をフライパンで軽く炒ってフードプロセッサーで細かくしたもので代用可能。

◎飾り

カラースプレーは南イタリアの祝い菓子の飾りには欠かせない。アラザンは頻度は少ないが、結婚式の菓子を作る時に使われる。パールシュガーはワッフルシュガーとも呼ばれ、イタリアでは細長い形をしているが、日本で販売されている丸い形のもので代用可能。

◎食用色粉

主にマジパン菓子で使用。さまざまな色の食用色粉が販売されているが、赤、青、黄の3色を組み合わせて、作りたい色にするとよい。

イタリアの菓子用語

Dolce／ドルチェ
「甘いもの」全てを指す。菓子の総称。菓子の世界では「甘いもの」を指すが、「甘い」という味覚を表現する時にも「ドルチェ」が使われる。

Dolce conventuale／ドルチェ・コンヴェントゥアーレ
修道院菓子のこと。

Dessert／デッセール
食後に食べるデザート。フランス語の「食事を下げる」という意味の desservir（デセルヴィール）が語源。イタリアでは食後に食べるフルーツはデザートではなく、フルーツまたは木の実（クルミやヘーゼルナッツなど）を食べた後に別のデザートを食べるのが習慣。食後にはカッフェ（エスプレッソ）または食後酒を飲むのが習慣で、カプチーノなど乳製品が入った飲み物を飲む習慣はない。また、カッフェや食後酒はデザートと一緒に楽しむのではなく、デザートを食べ終わってから運ばれてくる。

Biscotti／ビスコッティ
ビス（2回）、コッティ（焼いた）という意味で、厳密にはカントゥッチのように2度焼きしたものを指すが、現在はクッキーのような小さな焼き菓子も含めて総称されることが多く、2度焼きしていないものも含まれる。

Torta／トルタ
焼き菓子全般を指すが、基本的には円形で、小麦粉、バター、砂糖、卵を基本として副材料を加えて焼き上げたものをトルタと呼ぶ。タルト生地の有無にかかわらず、焼いた生地を薄く切ってクリームを重ねた、日本でいうケーキのようなものも含まれる。

Crostata／クロスタータ
日本でいう「タルト」。タルト生地を型に敷いた上にジャムやマーマレード、クリームをのせ、その上に薄くのばして細長く切ったタルト生地を格子状にのせて焼いたもの。イタリア全土の家庭で作られる定番菓子。

Mignon／ミニョン
一口サイズの小さな生菓子。かつて菓子は大きく焼かれていたが、1960年代以降に登場したミニョンは、いろいろな種類の菓子が少しずつ楽しめることで大人気となり、パスティッチェリアのショーケースの大部分を占めるように。

Dolce al forno／ドルチェ・アル・フォルノ
「フォルノ」はオーブンの意味で焼き菓子の総称。昔はパニフィーチョ（パン屋）の薪窯で菓子を焼いていた名残で、パニフィーチョには現在もビスコッティなどの菓子が並ぶ。

Dolci fritti／ドルチ・フリッティ
揚げ菓子の総称。カーニバル時期にはイタリア各地でさまざまな揚げ菓子が登場するが、これは節食期間の前に栄養分を摂取しようとしたため。家庭菓子に揚げ菓子が多いのは、かつては薪を焚く必要がある焼き菓子よりも手軽だったため。揚げ油は、昔はオリーブオイルかストゥルット（ラード）を使っていたが、現在はコーン油、ひまわり油など単一の植物種から採った油を使うことが多い。最近はピーナッツオイルがからりと軽く揚がるために人気。

Gelati e sorbetti／ジェラートとソルベッティ
ジェラートは牛乳、生クリーム、卵など、油脂分が入り、機械などで一定時間攪拌して空気を含ませたもので、マイナス15℃程度で保存する。一方、ソルベッティは油脂分が入らず、シロップ、フルーツの実でベースを作り、冷凍したもの。硬くなるのを防ぐために、マルサラ酒などのアルコール度数の高い酒精強化ワインを入れることも多い。

Spuntino／スプンティーノ
Merenda／メレンダ
スプンティーノは午後に大人が食べるおやつ。「自発的な」という意味のスポンタネオ（spontaneo）が語源で、自ら進んで食べるものを指す。一方メレンダは子どもが大人から勧められて食べるもので、既にパッケージされてスーパーで売られている菓子かパニフィーチョで買う甘いパンを指すことが多い。

Ciambella／チャンベッラ
真ん中が空いたドーナツ形の菓子。小さなビスコッティから大きな焼き菓子までさまざま。大きなものはトルタと呼ばれることもある。

Ripieno／リピエーノ
生地に詰めるためのフィリングのこと。リピエーノにはパン粉、余ったビスコッティ、木の実などが使われる。それぞれの土地で作られる（採れる）特産品を使用するため、その地方の特徴が表れる。

Pasticceria／パスティッチェリア
菓子専門店。「生地」を意味するパスタ（pasta）が語源。ドルチェリア（dolceria）と呼ぶことも。イタリアには菓子のみを販売するパスティッチェリアと、バールの機能も併設したバール・パスティッチェリアがある。他に専門店としては、ジェラテリア（ジェラート＝gelateria）、チョッコラテリア（チョコレート＝cioccolateria）、クレペリア（クレープ＝creperia）、コンフェッテリア（コンフェッティ、砂糖菓子屋＝confetteria）などがある。

菓子にまつわるイタリア語早見表

イタリア語	読み方	日本語
farina	ファリーナ	粉
farina 00	ファリーナ・ゼロゼロ	薄力粉
semola rimacinata	セモラ・リマチナータ	細挽きセモリナ粉
grano tenero	グラノ・テネロ	軟質小麦
grano duro	グラノ・ドゥーロ	硬質小麦
farro	ファッロ	スペルト小麦
farina di grano saraceno	ファリーナ・ディ・グラノ・サラチェーノ	そば粉
farina di castagne	ファリーナ・ディ・カスターニェ	栗粉
farina di mais	ファリーナ・ディ・マイス	とうもろこし粉
amido di mais	アミド・ディ・マイス	コーンスターチ
fecola di patate	フェーコラ・ディ・パターテ	片栗粉
amido di grano	アミド・ディ・グラノ	麦スターチ
lievito per dolci	リエヴィト・ペル・ドルチ	ベーキングパウダー
lievito di birra	リエヴィト・ディ・ビッラ	ビール酵母
acqua	アックア	水
sale	サーレ	塩
zucchero semolato	ツッケロ・セモラート	グラニュー糖
zucchero a velo	ツッケロ・ア・ヴェーロ	粉糖
miele	ミエーレ	ハチミツ
glassa	グラッサ	糖衣
latte	ラッテ	牛乳
panna	パンナ	生クリーム
burro	ブッロ	バター
olio d'oliva	オーリオ・ディ・オリーヴァ	オリーブオイル
olio di semi	オーリオ・ディ・セーミ	サラダ油
uova	ウォーヴァ	卵
ricotta	リコッタ	リコッタ
mascarpone	マスカルポーネ	マスカルポーネ
pecorino	ペコリーノ	ペコリーノチーズ

イタリア語	読み方	日本語
pecorino grattugiato	ペコリーノ・グラットゥジャート	ペコリーノチーズのすりおろし
mandorla	マンドルラ	アーモンド
noce	ノーチェ	クルミ
nocciola	ノッチョーラ	ヘーゼルナッツ
pinoli	ピノーリ	松の実
pistacchio	ピスタッキオ	ピスタチオ
marzapane	マルツァパーネ	マジパン
arancia	アランチャ	オレンジ
limone	リモーネ	レモン
cedro	チェードロ	シトロン
cigliegia	チリエィジャ	チェリー
mela	メーラ	リンゴ
uva secca	ウーヴァ・セッカ	干しブドウ
fichi secchi	フィーキ・セッキ	干しイチジク
frutta candita	フルッタ・カンディータ	フルーツの砂糖煮
spezie	スペツィエ	スパイス
cannella	カンネッラ	シナモン
chiodo di garofano	キオード・ディ・ガロファノ	クローブ（チョウジ）
noce moscata	ノーチェ・モスカータ	ナツメグ
semi di anice	セーミ・ディ・アニチェ	アニスシード
semi di finocchio	セーミ・ディ・フィノッキオ	フェンネルシード
alloro	アッローロ	ローリエ
zafferano	ザッフェラーノ	サフラン
sesamo	セサモ	ごま
pepe	ペペ	コショウ
vaniglia	バニッリア	バニラ
essenza di fiori d'arancia	エッセンツァ・ディ・フィオーリ・ダランチャ	オレンジフラワーウォーター
essenza di mandorla amara	エッセンツァ・ディ・マンドルラ・アマーラ	ビターアーモンドエッセンス
cioccolato	チョッコラート	チョコレート
mollica di pane	モッリーカ・ディ・パーネ	生パン粉
pangrattato	パングラッタート	細挽きパン粉

五十音順索引

アルファベット順索引

地方別索引

イタリア全土／各地

現在訪問可能な修道院

＊2023年5月現在

◎現存または形態を変えて営業

聖カテリーナ修道院

→ p29、31、33、59、99、166

Monastero Santa Caterina
Piazza Bellini1,Palermo
https://www.monasterosantacaterina.com
＊菓子購入可

聖ニコロ修道院

→ p45、161

Monastero dei Benedettini di San Nicolo' l'Arena
Piazza Dante, 32 Catania
https://www.monasterodeibenedettini.it/
＊現在は大学として利用されているが、ガイドツアーによる訪問も可能

聖グレゴリオ・アルメーノ修道院

→ p47、49、64、153

Monastero di San Gregorio Armeno
Via S. Gregorio Armeno, 1 Napoli
https://www.suorecrocifisseadoratrici.org/s-gregorio-armeno

サント・スピリト修道院（アグリジェント市立博物館）

→ p77

Monastero Santo Spirito
Cortile Santo Spirito, 98 Agrigento
https://monasterosspirito.wixsite.com/agrigento
＊現在は博物館として営業。菓子購入可

カルトジオ修道院（ボローニャ）

→ p79

Certosa di Bologna
Via della Certosa, 18 Bologna
https://www.storiaememoriadibologna.it/certosa.

コルプス・ドミニ修道院

→ p83

Monastero del Corpus Domini
Via Pergolato, 4 Ferrara

トラピスト修道院

→ p105

Monastero Cistercense Valserena
Via Prov. del Poggetto, 48 Guardistallo(PI)
https://www.valserena.it/
＊修道院の外庭のみ訪問可（内部は不可）、売店あり

聖キアラ修道院（ノート市立博物館）

→ p121

Museo Civico Noto
Corso Vittorio Emanuele, 149 Noto
https://www.museociviconoto.it/
＊現在は博物館として営業

聖ローザ修道院（ホテル・モナステロ・サンタ・ローザ）

→ p127

Monastero Santa Rosa Hotel & SPA
Via Roma, 2 Conca dei Marini (SA)
https://monasterosantarosa.com/
＊現在はホテルとして営業

聖ミケーレ修道院

→ p129

Monastero di San Michele Arcangelo
Via Sant'Agostino, 21 Mazara del Vallo (TP)
＊修道院内部は訪問不可だが、菓子のみ販売。徒歩1分ほどの場所に聖ミケーレ教会（Chiesa di San Michele Arcangelo）があり、訪問可

カルトジオ修道院（フィレンツェ）

→ p169、171

Certosa di Firenze
Via della Cersosa, 1 - Firenze
http://www.certosadifirenze.it/
＊売店あり

サンタ・マリア・ノヴェッラ薬局

→ p145

Farmaceutica di Santa Maria Novella
Via della Scala, 16 Firenze

サンタ・マリア・ノヴェッラ修道院

Convento di Santa Maria Novella
P.za di Santa Maria Novella, 18, Firenze
https://www.smn.it/it/

◎教会のみ訪問可能

マルトラーナ修道院
→ p55

Monastero della Martorana
Piazza Bellini-Palermo

サンタ・マリア・エ・ドーディチ・アポストリ修道院 → p57

Parocchia Abbaziale di Santa Maria e i XII Apostoli
Via Camillo Benso Conte di Cavour, 2 Bagnara Calabra (RC)

ディヴィーノ・アモーレ修道院
→ p64

Monastero del Divino Amore
Via San Biagio Dei Librai, 58 Napoli
https://www.chiesadinapoli.it/donne/s-maria-del-divino-amore/

クローチェ・ディ・ルッカ修道院
→ p67

Monastero della Santa Croce di lucca
Piazza Luigi Miraglia, 1 Napoli

聖カルロ修道院
→ p81、141、162

Convento San Carlo
Via Notar Salerno - Erice
https://www.regione.sicilia.it/la-regione-informa/erice-completa-to-convitto-ex-convento-san-carlo

聖ジョヴァンニ・エヴァンジェリスタ修道院
→ p84

Monastero femminile di San Giovanni Evangelista
Via Delle Benedettine - Lecce
https://www.benedettinelecce.it/

聖ルチア修道院
→ p85

Monastero Clarisse Santa Lucia
Via Santa Lucia, 5 Foglino

聖トリニタ修道院
→ p117

Monastero della Santissima Torinita'
Piazza De' Galganis - Monte Sant'Angelo(FG)
https://viagargano.it/listings/chiesa-santissima-trinita/

聖カストレンセ修道院
→ p119

Monastero San Castrense
Piazza S. Castrenze, 5 Monreale (PA)

聖ロザリオ修道院
→ p122

Monastero del SS Rosario
Via Filippo Turati, 155 Palma di Montechiaro(AG)
https://fondoambiente.it/luoghi/monastero-delle-benedettine?gfp
＊菓子購入可

聖ルイージ修道院
→ p137

Monastero di San Luigi dei Bisceglia
Piazza Duomo - Bisceglie(BT)
https://www.cattedralebisceglie.it/chiesa-di-san-luigi.html

トレ・フォンターネ修道院
→ p149

Abbazia Tre Fontane
Via di Acque Salvie, 1 Roma
https://www.abbaziatrefontane.it/
＊売店あり

主な参考文献

Le chiese di Erice
Vincenzo e Giuseppe Scderi 著　Cartogfraf 1994 年

I Santi di Sicilia
Gaspare Scarcell 著　Antares Editrice 2001 年

Mandorle amare
Mary Taylor Simeti 著　Flaccovio Editore 2004 年

Guida ai sapori perduti
Marcella Croce 著　Kalos 2008 年

La cucina povera ritecce segrete di abbasie e monasteri
AA.VV 著　San Paolo Edizioni 2008 年

Cucina dello Spirito
Tommaso Lucchetti 著　Il lavoro editoriale 2010 年

I dolci der paradiso
Pino Agstini 著　Aesenale Editore 2011 年

Ricette e segreti dei monasteri
Gilles Laurendon 著　Guido Tommasi Editore 2013 年

1001monasteri e santuari in Italia da visitare almeno una volta nella vita
Chiara Giacobelli 著　Newton Compton Editori 2013 年

La bonta' e' di casa
Federica Pasqualetti 著　Nuova Editrice Berti 2014 年

Atrante dei prodotti regionali italiani
Slow Food Editore 2015 年

Grappae liquorini distilleria di frate Agostino
Edizioni del Baldo 2015 年

Monaci e conventi, la storia, gli ordini, la regola
Edizioni del Baldo 2015 年

Dilci peccati 88 ricette
Anastasia Zanoncelli 著　Edizioni del Baldo 2016 年

I segreti del chiostro
Maria Oliveri 著　II Genioditore 2017 年

Farmacia di Dio
Anna Mari Foli 著　Edizione Terra Santa 2020 年

La cucina come una volta, storie, segreti e antiche ricette da monasteri e conventi
Anna Maria Foli 著　2021 年

Rimadi dai monasteri per il corpo e l'anima
Edizioni del Baldo 2021 年

I remedi erboristicie segreti di monastero
Francesca Scarrica 2022 年

『香辛料の世界史』
リュシアン・ギュイヨ著　白水社　1987年

『中世シチリア王国』
高山博著　講談社現代新書　1999年

『修道院の歴史』
杉崎泰一郎著　創元社　2015年

Abbazia di Casamari
https://www.casamari.it/

Abbazia Tre Fontane
https://www.abbaziatrefontane.it/

Carmelitani Scalzi
https://www.carmelitaniscalzi.com/chi-siamo/frati/

Clarisse di Sicilia
https://www.clarissedisicilia.it/

Comunita'di Camaldoli
https://www.camaldoli.it/

Ordine di Benedettini
https://osb.org/it/

Fondazione Fratelli San Francesco
https://www.fratellisanfrancesco.it/

Frati domenicani
https://www.domenicani.it/

Gesuiti
https://gesuiti.it/

L'ordine certosino
https://chartreux.org/it/

Monaci Trappisti
http://www.trappisti.org/

Monastero Santa Caterina
https://www.monasterosantacaterina.com/

Monastero Sant'Antonio di Norcia
https://www.monasterosantantonionorcia.it/casa-religiosa/luoghi/

Ora-et-labora.net
https://ora-et-labora.net/

AIFB
https://www.aifb.it/

Cucina Italiana
https://www.lacucinaitaliana.it/

Il Fatto Quotidiano
https://www.ilfattoquotidiano.it/

Taccuni Gastrosofici.it
https://www.taccuinigastrosofici.it/ita/

Mille grazie!

Vorrei esprimere la mia sincera gratitudine a tutti coloro che mi hanno collaborato.
本書の制作にあたり、多くの方のご協力をいただきました。深く感謝申し上げます。

Monastero S. Cuore Erice
Archivio Storico Diocesano Trapani
Biblioteca Diocesana di Trapani
Carlo Domingo

佐藤礼子（さとう・れいこ）

東京都生まれ、イタリア・シチリア在住。イタリア料理人、菓子職人を経て、洋菓子の商品開発やカフェの店舗企画などに従事。2004年にイタリアに渡り、スローフードの学校で、イタリア全土の郷土料理、郷土菓子を学ぶ。2006年から「ラ ターボラシチリアーナ」を立ち上げ、シチリアの郷土菓子や家庭料理を研究しながら、食に関する現地コーディネートなども行う。著書に『イタリア菓子図鑑』『シチリアの伝統菓子とマンマの手作り菓子』（小社）、『シチリアのおうちレシピ』（講談社）がある。

http://www.tavola-siciliana.com/　Instagram　rei_trapani

写真
在本彌生、佐藤礼子

アートディレクション・デザイン
関　宙明
（ミスター・ユニバース）

スタイリング
曲田有子

校正
ヴェリタ

プリンティングディレクション
江澤友幸
（大日本印刷）

調理補助
三谷智佐子

キリスト教《きょう》とともに発展《はってん》したイタリア菓子《かし》。
中世《ちゅうせい》から続《つづ》くその物語《ものがたり》と作《つく》り方《かた》

イタリアの修《しゅう》道《どう》院《いん》菓《が》子《し》

2023年8月19日　発　行　　NDC596

著　　者　佐藤礼子《さとうれいこ》
発 行 者　小川雄一
発 行 所　株式会社 誠文堂新光社
〒113-0033 東京都文京区本郷3-3-11
電話03-5800-5780
https://www.seibundo-shinkosha.net/
印刷・製本　大日本印刷 株式会社

ISBN978-4-416-62106-6